企業を守る
ネット炎上
対応の実務

弁護士 清水陽平

はしがき

　「ネットはしょせん裏社会」
　……とある都知事選の候補者が，落選後にインターネットメディアでの独占インタビューでこのように話しました。
　はたして，インターネットは裏社会なのでしょうか。
　インターネットで自由な情報発信ができるようになる前は，テレビや新聞など，旧来からあるマスメディアは一方的に情報を流す主体，一般人はその情報をただ受け取るだけ，という明確な棲み分けがありました。かつては一般人が情報発信をしようとしても，発信できる場所はごくごく限られており，大手マスメディアでの発信などできないのが通常でした。そして，その時代はインターネットを使うのはごく限られた人たちで，2ちゃんねるなどの匿名掲示板でアンダーグラウンドなやり取りがされている，といったイメージが定着していました。
　しかし現在では，インターネットが普及し，ブログや掲示板，ソーシャルメディアを一般人が使いこなすようになっています。インターネット発の情報がマスメディアに取り上げられることも増えており，インターネット（のコンテンツ）はもはや一つのメディアとしての地位を確立しているといえます。そして，インターネットを利用することで，一般人も旧来のマスメディアと同じように"情報発信"を行うことができるようになりました。これらのことを考えれば，インターネットが裏社会などではないということはもはや明らかです。
　このような社会の変化に気づかないまま「ネットはしょせん裏社会」と発言した結果，インターネット上では発言者に対する批判や中傷が多数巻き起こりました。いわゆる"炎上"です。
　「しょせん裏社会」なのであれば，たしかに，「炎上など気にしなければよい」という考え方はあり得るでしょう。また，裏社会とは考えないまでも，気にする必要はないという人も一定程度いることはたし

かです。

　しかし，繰り返しますが，インターネットはもはや裏社会ではありません。炎上は，ネガティブな内容であることが多く，これが拡散されることにより社会的信用の毀損につながる恐れがあるのです。炎上は"気にするかどうか"という問題ではなく，"どのように見られるか"という観点から捉え直すべきです。

　しかも，インターネットが今後縮小するとはにわかに考えがたく，インターネット上の記事は基本的に残り続けるという特性があることも鑑みれば，何の指針もないままでいることはリスクを放置することと同義でしょう。

　これまでも，炎上に関する書籍は複数出版されていますが，そのほとんどがある炎上事例を紹介し，そこからどのような教訓が学べるか，という形式となっています。このような事例研究は非常に参考になるものですが，炎上に関して体系立った解説をしているわけではありません。

　そこで本書では，炎上は一種の企業不祥事であると捉え，それを前提にどのような対応・対策をとるのが適当なのかを検討しました。

　炎上は人の心の機微に触れたものであるからこそ発生し，その発生原因・理由も様々です。そのため，炎上の特効薬は残念ながらありません。

　しかし，起きてしまった炎上の被害を軽減し，回復を早めるためにはどうするべきか，また，そもそも炎上を発生させないためにはどうすればよいのかを考える指針を示しました。

　本書が炎上に関する悩みの解決の一助となれば幸いです。

2016年12月

　　　　　　　　　　　　　　　　　　　　　　　弁護士　清水陽平

CONTENTS

はしがき ……………………………………………………………… 3

第1章　炎上の発生原因と考察

01　炎上とは ……………………………………………………… 12

02　炎上のパターン ……………………………………………… 14

03　炎上拡散のメカニズム ……………………………………… 21

04　誰が炎上させているのか …………………………………… 24

1　炎上参加者は0.5％？ …………………………………………… 24
2　実務感覚との乖離はなぜ起こるのか ………………………… 25

05　なぜ炎上への対応が必要なのか …………………………… 27

COLUMN1　「祭り」と「炎上」 ………………………………… 29

第2章　炎上の初動対応

01　対応の要否の見極め ………………………………………… 32

1　炎上対応の重要性 ……………………………………………… 32
2　対応するかどうかの基準は？ ………………………………… 33

02　対応の手順 ……… 35

1. 事実関係と状況の把握 ……… 35
2. 対応の心構え ……… 38
3. 反論の可否 ……… 41
4. 対応の準備 ……… 43
5. 対応の方法 ……… 45

03　対応の実践 ……… 46

1. 謝罪 ……… 47
   - (1) 炎上対応における謝罪の意味 ……… 47
   - (2) 謝罪の要否と目的を考える ……… 48
   - (3) 謝罪におけるNGワード ……… 49
2. 事実関係の説明 ……… 51
3. 原因・再発防止策 ……… 53
4. 処分 ……… 56
5. アカウントの処理 ……… 58
   - (1) 従業員の場合 ……… 58
   - (2) 経営トップ・役員等の場合 ……… 59
   - (3) 企業の公式アカウントの場合 ……… 61
6. 情報管理の重要性 ……… 62
7. プレスリリースの作成方法 ……… 64
   - (1) プレスリリースの目的 ……… 64
   - (2) プレスリリースの作り方 ……… 65
8. 想定問答集（Q&A）の作成 ……… 70
   - (1) 想定される質問を出しつくす ……… 70
   - (2) 想定回答の作成 ……… 72
   - (3) 想定問答の分類 ……… 75
9. 記者会見 ……… 76
   - (1) 記者会見の目的・要否 ……… 76
   - (2) 資料等の準備 ……… 77
   - (3) 発表者の選定 ……… 80
   - (4) 会場の手配 ……… 82

(5)　リハーサル ……………………………………………………… 82
　(6)　会見における態度等 …………………………………………… 83
COLUMN2　炎上マーケティング（炎上商法）………………………… 84

第3章　炎上の後処理

01　信頼回復のための対応が必要 …………………………………… 86

02　検索結果の浄化 …………………………………………………… 87
1　SEO …………………………………………………………………… 87
2　ネガティブサイトの削除 …………………………………………… 88
3　メール・オンラインフォームによる削除依頼 …………………… 89
4　送信防止措置依頼 …………………………………………………… 90
　(1)　記載方法 ………………………………………………………… 91
　(2)　書類送付の方法 ………………………………………………… 94

03　責任追及 …………………………………………………………… 96
1　まずは相手の特定を ………………………………………………… 96
2　発信者情報開示請求 ………………………………………………… 97
　(1)　要件 ……………………………………………………………… 97
　　特定電気通信とは／権利侵害の明白性とは／正当理由とは
　　／通信記録（ログ）の保存期間
　(2)　手続きの概要 ………………………………………………… 100
　(3)　書式と書き方 ………………………………………………… 104
　　コンテンツプロバイダ・ホスティングプロバイダに対する記載方法／
　　ISPに対する記載方法
　(4)　書類の送付 …………………………………………………… 107
3　損害賠償の請求 …………………………………………………… 109
　(1)　法律構成 ……………………………………………………… 109
　(2)　従業員に対する請求 ………………………………………… 110
　(3)　従業員以外に対する請求 …………………………………… 112

4	懲戒処分	114
	(1) 就業規則等の根拠規定の必要性	114
	(2) 懲戒処分の相当性	115
	(3) 業務上の行為についての懲戒	116
	(4) 業務外の行為についての懲戒	117
	(5) 退職してしまった者への懲戒の可否	119

04 刑事告訴 ———— 120

1	告訴と被害届	120
2	業務妨害罪（刑233条後段，234条）	122
3	信用毀損罪（刑233条前段）	123
4	名誉毀損罪（刑230条1項）	123
5	侮辱罪（刑231条）	125
6	器物損壊罪（刑261条）	125
7	その他	126
8	罪の選択	126
9	告訴状の作成	127

COLUMN3 従来型クレームと近時のクレームの対応方法の違い 132

第4章 炎上の予防策

01 日頃の備えが炎上を防ぐ ———— 134

1	誰でも巻き込まれる可能性	134
2	常時監視体制の重要性	135

02 規程類の作成 ———— 139

1	守秘義務契約・誓約書	139
2	就業規則	142
	(1) 就業規則の重要性	142
	(2) SNS等の使用禁止を定めることの可否	143

(3)　就業規則に定めるべき内容 …………………………………………………… 143
　　　　貸与品等の私的利用の禁止／貸与した機器等の調査
　　　　／就業時間中の私的行為の禁止／秘密保持義務の明示
　　　　／削除を求める場合があることの明示／懲戒処分の可能性

03　ソーシャルメディアポリシー／ガイドライン ……………………… 151

1　SNSの利用法に一定の指針を ……………………………………………… 151
2　従業員向けソーシャルメディアポリシー ………………………………… 152
　　(1)　作成の指針 …………………………………………………………………… 152
　　(2)　記載する事項 ………………………………………………………………… 153
　　(3)　罰則を定めるべきか ………………………………………………………… 154
3　公式アカウント運用者向けポリシー ……………………………………… 158
　　(1)　アカウントの色に合わせたルールづくりを …………………………… 158
　　(2)　投稿のミスを避けるための視点 ………………………………………… 159
　　(3)　投稿内容に関する視点 …………………………………………………… 160
　　(4)　緊急時の対応に関する視点 ……………………………………………… 162
　　(5)　パスワード管理に関する視点 …………………………………………… 163
4　公式アカウント運用ポリシー ……………………………………………… 168

04　従業員教育・研修 ………………………………………………………… 172

1　「伝わる」従業員教育を行う ……………………………………………… 172
2　秘密保持誓約書の取得時 …………………………………………………… 173
3　規程類に基づく教育 ………………………………………………………… 174
　　(1)　就業規則の内容の説明 …………………………………………………… 174
　　(2)　ソーシャルメディアとの付き合い方の説明 …………………………… 175
　　(3)　炎上時における対応に関する教育 ……………………………………… 176
　　(4)　繰り返しの教育 …………………………………………………………… 178
4　顧客対応にも教育を ………………………………………………………… 179

COLUMN4　炎上はエンターテインメント …………………………………… 181

第1章

炎上の発生原因と考察

01 炎上とは

　昨今，毎日のように目にするようになった「炎上」ですが，これは当然ながら法的な定義があるものではありませんし，社会的にこれと決められたような定義があるわけでもありません。さらにいえば，どのような要件，どのような状態に至れば「炎上」と呼ぶべきなのかという明確な基準もあるわけでもありません。

　かつては，もっぱら匿名掲示板「2ちゃんねる」において，特定の話題について集中的にコメント（レス）がつけられて，スレッドがいくつも立てられるような状況を指して「祭り」と表現していることがありました。炎上も祭りも本質としてはこれと同じものといえますが，現在ではインターネット上に発信することができるツールが非常に多様になり，とくに多くの人が参加できる双方向のコミュニケーションが可能なウェブサービスであるソーシャルメディア（その中でもとくにツイッター）が普及して以降，祭りの場は2ちゃんねる以外の場にも広がりました。

　ソーシャルメディアとスマートフォンの普及に伴い，自身の意見やそのときに感じたことを気軽に外部に発信するツールを手に入れたことで，わざわざ自宅やネットカフェのパソコンの前に座って発信を行う必要がなくなったためです。

　そして，情報発信が容易になったこの頃から，「祭り」よりも「炎上」という表現の方が一般的に使われるようになりました（ただし，どの時点から「炎上」という表現が一般化したのかは必ずしも明らかではありません）。

　「炎上」というと，一般的には肯定的な意味合いで使われることは

少なく，もっぱら否定的な意味合い，ネガティブなイメージで使われます。実際に，何らかの不祥事などを原因としてそれに対する批判が集中するという事例が，一般的な炎上のイメージになっていると思います。

　もっとも，炎上の最中には，必ずしも否定的なコメントだけが投稿されるわけではなく，擁護したり，元となった事象について理解を示す趣旨の投稿がされることも少なくありません。

　批判的なものであれ，好意的なものであれ，あえて発信を行うのは，当該事例がその人の正義感を刺激したり，共感を呼んだり，何らかの感情を刺激したからと考えられます。その人にとって本当にどうでもよいことであれば，あえて発信をする必要はなく無視していればよいだけだからです。

　したがって，最大公約数的に炎上を定義するとすれば，「多くの人がある事柄に関心を寄せ，それに対する批判的な内容を中心とした自分なりの批評・論評・意見・感想等が多数発信されている状況」を指して，「炎上」と呼ばれているものといえます。

> **POINT　炎上とは**
> 　多くの人がある事柄に関心を寄せ，それに対する批判的な内容を中心とした自分なりの批評・論評・意見・感想等が多数発信されている状況

02 炎上のパターン

　「炎上」している事例を観察してみると，炎上にもいくつかのパターンがあることが見えてきます。
　まず，炎上が広がる経過に着目すると，
パターン①：テレビ，新聞等のいわゆるマスメディアにおいて，不祥事が報じられたことを契機にしている場合
パターン②：インターネット上に投稿された内容を契機にしている場合
があることが分かります。

図表1-1　炎上の2パターン

パターン①：マスメディア発の炎上

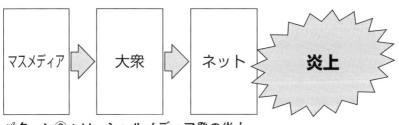

パターン②：ソーシャルメディア発の炎上

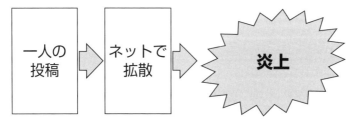

パターン①：マスメディア発の炎上

　パターン①は，たとえば，三井不動産レジデンシャルが販売した横浜市のマンションが傾いた問題（いわゆる杭打ち不正問題）の事例[1]や，東洋ゴム工業の免震装置として使われるゴムの不正問題の事例[2]，自動車各社の燃費計測不正問題の事例[3]，企業への標的型メール攻撃により顧客情報などが流出した[4]等といった事例が挙げられます。これらは，企業の問題点について企業が自ら発表したり，マスメディアが取材を行い，各社の不正があったことを報じたという事例です。

　マスメディアという広く情報を発信される媒体で報じられ，さらに最初の報道に触発された他の報道機関も後追い報道し，色々な問題点があぶり出されることは少なくありません。このような報道がされると，報道直後から世間の注目を集め，2ちゃんねるやSNSなどを通じて多数の非難が投稿されることになります。そして，それらの報道や非難がまとめサイトにまとめられ，それを見た者がまた非難を書き

1　平成27年10月，三井不動産レジデンシャルが販売した横浜市都筑区のマンション4棟のうち1棟が傾いていることが明らかとなった。調査を行ったところ，52本の杭のうち6本が地盤の強固な支持層に到達しておらず，2本が打ち込まれていなかったことが判明したほか，他の棟も含め，杭を補強する凝固剤の注入量のデータなどの改ざん・流用が明らかになった。施行会社は旭化成建材であり，同社の親会社である旭化成が謝罪を行っている。

2　東洋ゴムでは，平成19年11月には，学校や店舗等176棟の壁に使われた防火用断熱パネルの不燃性能試験で不正をしており，また，平成27年3月には，建物の免震装置ゴムのデータが改ざんされ，性能が基準に達しないという不正が明らかとなっていた。そのような中で，同年10月，電車や船の揺れを軽減する防振ゴムでもデータ改ざんが明らかとなった。

3　平成28年4月，三菱自動車が日産自動車にOEM供給していた軽自動車の燃費性能が仕様を満たしていないことに疑問をもった日産自動車が，三菱自動車に説明を求めたところ，データ改ざんが発覚し，同社がこれを発表した。また，それに続き，平成28年5月，スズキも国が定める方法とは異なる測定方法を行っていたことが発覚した。

4　複数あるが，たとえば平成28年6月，JTBに対して送られた大口取引先の航空会社を装ったメールに添付された標的型ウイルスに感染して，顧客情報793万件あまりが流出した事例など。

込むという状態，つまり炎上状態になります。

このように，最初の情報がインターネット発ではないものであっても，マスメディアによる報道が契機となって，インターネット上にも多数の批評・批判・意見・感想等が発信され，炎上に至ってしまうという事例があります。

パターン②：ソーシャルメディア発の炎上

他方，②はたとえば，まるか食品の販売するペヤングの中に，ゴキブリが入っていたといった事例が挙げられます。この事例は，そもそもの問題として食品にゴキブリという異物が混入していたという点があり，その意味で企業の生産体制などに問題があった事例ですが，発覚自体はインターネット（ツイッター）上に投稿されたことがきっかけです。インターネット上の投稿が繰り返し共有（リツイート）され，2ちゃんねるでも取り上げられ，そこからまとめサイトに転載されるという経緯を辿りました。この時点では，ゴキブリの混入が本当にあったのか，それとも投稿者が意図的にゴキブリを混入したのか（いわゆるデマなのか）といった議論も多数されていましたが，まるか食品側の対応の不手際もあり，さらに多くの投稿が繰り返されました。この事件はインターネットニュースにも取り上げられ，さらに企業の生産体制の不備があったということもあり，食品の安全・安心に関わるものとしてマス・メディアでも取り上げられました。そして，さらに継続的に多数の批評・批判・意見・感想等が投稿され続けました。

このように，不祥事の発生原因自体は企業側にあるものの，その発覚の経緯はもっぱらSNS（Social Networking Service，ソーシャルメディアの一種であり，インターネットを通じた交流を促すサービス）発の場合があります。

このような事例は，いわゆる「ネット告発」ともいうべきものですが，他にも失言や社会的に見て不適切だといわれることで炎上に至る事例（失言・不適切型），違法行為の自慢や違法行為とはいえないまでも社会的に非難される行動をSNSなどに投稿したことで炎上して

いる事例（悪ノリ型），デマが拡散され，そのデマに乗せられる形で炎上している事例（デマ型）などがあります。これらの類型が複合的に発生している例も見て取れます。

失言型はたとえば，ワタミ社員の自殺が，過労が原因だったとして労災認定された際に，ワタミ会長は，「労務管理できていなかったとの認識は，ありません」「会社の存在目的の第一は，社員の幸せだ」といった内容のツイートをし，謝罪の言葉もなかったことから，批判が相次いだという事例[5]が挙げられます。

また，不適切型には，三重県志摩市が観光や海女文化を国内外にＰＲするための海女の公認キャラクター「碧志摩メグ」について「性的な部分を過剰に強調していて不快だ」という批判が相次ぎ，公認が撤回されたといった事例[6]や，旅行代理店H.I.Sが「東大美女図鑑モデルが機内で同行する」というキャンペーンを発表したところ，セクハラだという批判が相次いだことで，キャンペーンを即日中止した事例[7]，

---

[5] ワタミフードサービス株式会社（現ワタミフードシステムズ株式会社）が経営する居酒屋「和民」のある店舗に勤めていた女性従業員が，入社2か月で自殺したところ，神奈川労働者災害補償保険審査官が労災適用を認める決定を行った。これを受けて，同社の会長であった会長の渡邉美樹氏が，平成24年2月21日，上記のような発言をツイッター上で行った。

[6] 三重県志摩市は，観光や海女文化を国内外にＰＲするための海女として，「碧志摩メグ」という公認キャラクターを用いていた。しかし，平成27年8月，海女姿のキャラクターの前裾がはだけていることなどから，地元住民から「女性蔑視。不快感を与える」として，公認撤回や使用停止などを求める現役海女を含む309人分の反対署名が市に提出された。これを受けて，キャラクターデザインを行った者が市に公認撤回を申し出，同年11月，市は公認を撤回した。

[7] 平成28年5月11日，株式会社エイチ・アイ・エスが海外旅行に向かう機内で，写真誌「東大美女図鑑」のモデルとなった現役女子学生が隣に座るというキャンペーンを始めると発表した。機内では，現役女子学生が旅先の街の成り立ちや特徴的な建築物などの解説を行うなどし，機内の新しい過ごし方を提案することが狙いであると説明していた。しかし，公開と同時にセクハラであるといった批判が相次ぎ，即日キャンペーンを中止し，ホームページに「不快な思いを感じさせる企画内容で，深くおわびします」といったリリースを掲載した。

鹿児島県志布志市がふるさと納税のPRのために「UNAKO（うな子）」という動画を公開したところ、「気持ち悪い」「女性差別的な内容だ」「水着の女子を養殖して食べるのはホラーだ」といった批判が相次いだため、動画公開を停止した事例[8]、東京メトロのイメージキャラクター「駅乃みちか」が株式会社トミーテックとのコラボレーションにより、いわゆる萌え絵としてリメイクされたところ、スカートが透けているように見えるとして「公共交通機関のキャラクターとしてふさわしくない」といった批判が相次ぎ、スカート部分の画像が修正された事例[9]など、数多くの事例を挙げることができます。

　不適切型は、表現の内容・態様が不適切だからこそ炎上しているわけですが、とりわけ炎上しやすいのは女性の扱い方に関するものが多いように感じます。

　悪ノリ型は、たとえば飲食店の従業員が冷蔵庫に入った写真をツイッターにアップしたという事例[10]や、ホテル厨房の食器洗い場の流し台で体を洗っている写真をツイッターにアップしたという事例[11]などが挙げられます。このような行為は、アルバイト従業員が起こすこ

8　平成28年9月21日、鹿児島県志布志市がふるさと納税のPRのために公開した「UNAKO（うな子）」という動画は、その内容が市の主要産業であるうなぎの養殖を擬人化したものであり、水着の少女が「養って」と男性に依頼するといった内容であったため、気持ち悪い、男尊女卑だ、水着の女子を養殖して食べるのはホラーだといった批判が相次いだ。再生回数は公開4日で10万回程度に達したが、相次ぐ批判や苦情を受け、同月26日、動画公開を停止した。

9　平成28年10月13日、東京メトロのオリジナルキャラクター「駅乃みちか」が、株式会社トミーテックが展開する「鉄道むすめ」のイベントに参加するため、いわゆる萌え絵として描き下ろされた。公開されたキャラクターについては、スカートが透けているように見えるとして、「公共交通機関のキャラクターとしてふさわしくない」といった批判が相次いだ。そのため、14日夜、東京メトロはトミーテック社に修正を依頼し、18日からスカート部分の画像が修正されたキャラクターに変更された。

10　平成25年8月29日、東京都足立区の飲食店のアルバイト従業員が、キッチンの大型冷蔵庫に入り、顔だけ外に出している写真を撮影してツイッターにアップしたところ、不衛生だといった批判が相次ぐとともに、当該従業員の個人情報が特定されるまでに至った。

とが多かったことから「バイトテロ」などといわれるようになり，ツイッターでこのような行為が公開されることが多かったことから，バカとツイッターを組み合わせた造語「バカッター」という言葉も生み出されました。

　デマ型は，お笑いタレントのスマイリーキクチ氏が，足立区女子高生コンクリート殺人事件の犯人であるという事実無根の情報を拡散されるとともに，誹謗中傷の被害を長期間に渡って受けている事件[12]や，平成28年4月14日に発生した熊本地震の直後に，熊本の動物園からライオンが逃げたという趣旨のデマがツイッターに投稿された事例[13]などがあります。

小括：一般的に「炎上」というと，パターン②をイメージすることが多いのではないかと思いますが，実際に炎上の状況を見ていると，炎上はパターン②だけに限られていないことが分かります。むしろ，パターン①の方が，そもそもの発信力が大きく一気に情報の拡散が進む

11　平成28年1月18日，北海道登別市のホテルのアルバイト従業員が，食器洗い場の流し台に湯を張って裸で入っている写真をツイッターにアップしたところ，不潔だといった批判が相次いでなされた。

12　お笑いタレントであるスマイリーキクチ氏が，平成元年に発生した足立区女子高生コンクリート殺人事件の犯人であるという流言が，平成17年頃から発生した。これは，同事件の犯人が少年であり，少年法の規定により匿名報道となったところ，スマイリーキクチ氏が足立区出身だったことと，犯人と同世代だったことから結びつけられたものであった。このような流言が拡散し，「殺人犯をテレビに出すな」といった批判も寄せられるようになった。最終的に名誉毀損罪で十数人が検挙されることになったが，現在も流言を信じてスマイリーキクチ氏に対する誹謗中傷を行う者も存在しているようである。経緯は，『突然，僕は殺人犯にされた－ネット中傷被害を受けた10年間－』（2011年竹書房）に詳しい。

13　平成28年4月14日，熊本で震度7の地震が発生したが，その直後，ライオンが道路に立っている画像とともに「動物園からライオンが逃げた」という趣旨の情報がツイッターに投稿された。このツイートは2万回以上リツイートされ，熊本市動植物園の職員は問い合わせに対応する必要が生じた。その結果，同年7月20日，神奈川県の会社員の男性が偽計業務妨害罪の疑いで逮捕された。

ことや，多くの人に影響があるものとして取り上げられたものであり，その結果多くの人が関心を持つことから，炎上の素地があるということが可能です。

しかし，インターネットが一つのメディアとして認知されるようになった昨今，パターン②も増えており，かつてはインターネット上だけで収束していた事柄が，現実世界にまで影響を及ぼすことが増えてきたように思います。

一ついえることは，情報発信が容易になったことにより，どちらの類型の炎上も増え続けているということです。しばしば，このような状況を指して，日本人に寛容性がなくなったなどといわれることもあるようです。実際，社会が低迷し，鬱々としていることから，他人を自分より下に置くことで手軽に優越感を得るといった側面もあるようには感じます。

しかし，パターン①についていえば，これまでテレビで不祥事等が放送された際に，テレビに向かって一人で批判したり，つぶやいたりしていたものが，インターネット上に顕出されるようになったものと捉えることができます。また，パターン②についても，たとえば失言であれば，社内で話をしているだけであればそこまで大きな問題にはならなかったはずのものが，外に発信されたことで大きな批判を呼んだだけ，悪ノリ型のようなものは，従来は仲間内だけで行われていたバカ騒ぎを，インターネットを通して世間に見える形で行ってしまったがために大きく批判されているだけ，といった側面が強いように思われます。

つまり，炎上は，情報発信に関する技術革新が進んだことにより，批判が可視化されたものということができます。

> **POINT**
>
> 炎上のパターン
> ①マスメディア発
> ②ソーシャルメディア発
> 　1　ネット告発型（不祥事・不満等をきっかけとするもの）
> 　2　失言・不適切型
> 　3　悪ノリ型（違法行為の自慢，社会的非難を受ける行動をきっかけとするもの）
> 　4　デマ型

03
炎上拡散のメカニズム

　ソーシャルメディア発の炎上が発生する経過を観察すると，次のような経過を辿ることが多いようです。すなわち，問題となる投稿・発言がされると，それがツイッターなどのSNSで取り上げられます（なお，問題となる発言や投稿の発生源はツイッターが多いという印象です）。

　SNSには投稿の共有機能が実装されており，ボタン一つで情報をさらに拡散することができます。ツイッターでいう「リツイート」機能がその代表例といえます。また，単に拡散するだけではなく，これに対する批評・批判・意見・感想等が投稿されることが少なくありません。この情報拡散はねずみ算式に増えるため，情報は一気に広まることになります。

　一定以上の拡散が行われると，2ちゃんねるをはじめとした匿名掲示板などでも，問題となる投稿・発言についての話題が取り上げられ，掲示板内でも批評・批判・意見・感想等が多数投稿される状態となり

ます。なお，問題となる投稿・発言をした者が匿名であった場合，2ちゃんねるでは，その投稿・発言をしたのが誰かという「特定」作業が行われます。「特定」の精度は非常に高く，氏名，住所，年齢，勤務先・学校名など，詳細な個人情報が明らかにされた事例が多くあります。

　2ちゃんねるでは情報と意見の集約が行われますが，さらにこれを分かりやすくまとめるサイト，いわゆるまとめサイトが多数作成されます。まとめサイトが作成される時点に至れば，一般的に「炎上」しているといわれているように思われます。

　まとめサイトは，事の発端とそれに対するインターネットユーザの反応を分かりやすく編集しているため，非常に多くのアクセスを集めることができます。このまとめサイトは，もっぱらアフィリエイト目的（広告をクリックしてもらうこと等により広告費を得る目的）で作成されるサイトであり，サイトへのアクセスを増やすため，多数のアクセスを期待できる炎上事件を日々探しています。そして，まとめサイトの内容は分かりやすいということもあり，SNSでさらに拡散されます。

　さらに，問題の程度が大きいなど事案の内容によって，近時増えているインターネット専業のニュース媒体などが炎上事件を取り上げます。そして，これを見たマス・メディアも炎上事件として取り上げる場合があります。

　インターネット上で炎上に至っている事例がたくさんある一方で，マスメディアはそれらをいちいち取り上げることはしていません。これは，インターネット上で発生した炎上に当初は気付いていないとか，気付いていたとしてもニュースバリューが乏しいと判断をしているからと思われます。しかし，炎上が社会に影響を持つレベルまで発展した場合には，マスメディアも炎上を取り上げます。

　マスメディアが炎上を取り上げれば，インターネットを使用していない人も含め，より多くの人に炎上（≒不祥事）の情報が届けられることになります。その結果，新たに炎上を認識した層も含めてSNS

で批評・批判・意見・感想等が発信され，さらに炎上が広がることが通常です。

　このような経過を簡略的に示すと**図表1-2**のように整理できます。

図表1-2　炎上拡散の流れ

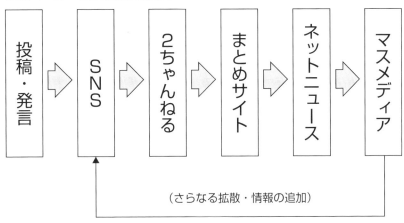

　他方で，マスメディア発の炎上の場合，そもそもマスメディアが報じた時点で一定以上のニュースバリュー，つまりニュースとして報じる価値や重要性があるというスクリーニングを経ているものであるため，多くの人に関係し，関心を呼びやすい情報が発信されています。

　そして，多くの人が同じタイミングで同じ情報に触れるため，共通の話題としてインターネット上でも一気に広がるという経過を辿ります。具体的な広がりのパターンはインターネット発の場合とそう変わらないですが，マスメディアで取り上げられている情報をもとに，いきなりまとめサイトが作られ，それがツイッターなどのSNSで拡散されつつ，話題にされるというパターンも多いように思われます。

04
誰が炎上させているのか

I 炎上参加者は0.5％？

　『ネット炎上の研究―誰があおり，どう対処するのか』（以下『ネット炎上の研究』とします）[14]においては，「炎上事件に伴って何かを書き込む人はインターネットユーザの0.5％程度」[15]であり，「このうち9割以上が一言感想を述べる程度であって，当事者に直接攻撃することはない。複数回書込みをしていて，直接攻撃の予備軍と考えられる人はこのなかの数％であり，人数にすれば数十人〜数百人程度である」[16]，「過去1年の炎上事件への書き込んだことのある人は，インターネットユーザの0.5％程度にとどまる」[17]とされています。

　この研究結果は，実務において誹謗中傷の対応をしている筆者の感覚とも非常に近しいといえます。すなわち，筆者はインターネット上で名誉権侵害やプライバシー権侵害を受けた方から依頼され，このような侵害を行った者が誰かを法的に特定する業務を行うことがしばしばあります。このような案件を処理する中で，非常に多数の者が書込みをしているように見せかけつつ，実際には特定の者または特定少数の者がほとんど全ての書込みをしていたということが判明することが実は多くの事案であります。

　このような経験から，名誉権侵害やプライバシー権侵害が繰り返し

14　田中辰雄・山口真一（2016）『ネット炎上の研究―誰があおり，どう対処するのか』勁草書房
15　同書121頁
16　同書137頁
17　同書145頁

行われている事例において，同一の者が繰り返し投稿しており，特定少数の者が投稿を行っているという同書の指摘は，実務における実態の一端を非常によく捉えていると感じています。

他方，これまで炎上に参加しているのは「時間をもてあましている人が，自宅にひきこもって，インターネット上で誹謗中傷を繰り返しているという像が想定されて」[18]いたとされていますが，同書では，年収が高い人，子持ちの人，男性という属性を持つ人ほど炎上に参加しているという結論を導いています。実際に統計をとった結果である以上，このような研究結果は尊重するべきといえます。

しかし，実際に投稿者を特定している実務上の実感として，『ネット炎上の研究』に指摘されるような人物像と一致するような人物が誹謗中傷の投稿を行っていることは，多くはありません。実際には，男女比でいえば男性の方が若干多いものの，女性も相当数の投稿をしていること，定職に就いていないなど年収が高いとも安定しているともいえない人が多いこと，一定割合で精神疾患を抱えている人が多いことを指摘できます。つまり，従来いわれているように「時間をもてあましている人が，自宅にひきこもって，インターネット上で誹謗中傷を繰り返している」のが実務における実感です。

どのような属性を持つ人が投稿を行っているのかという点に関しては，研究結果と実務の感覚とは大きな乖離があるように感じます。

2　実務感覚との乖離はなぜ起こるのか

このような違いがなぜ起きるのかを検討するに，①炎上と誹謗中傷事件は必ずしも一致していないこと，②炎上と誹謗中傷事件では，情報が入ってくるルートが違っていると想定されること，の2つが理由として挙げられるのではないかと考えています。

18　田中＝山口・前掲99頁

① 炎上事件と誹謗中傷事件

　誹謗中傷への対処をするためには権利侵害があることが必要ですが、炎上は必ずしも権利侵害がある投稿ばかりがされるわけではなく、単なる批評や意見、感想を投稿するだけのものも数多く存在しています。もちろん、そのような意見、感想等は、それが向けられた当人としては不快に感じるものも多数あると思われますが、不快に感じることと権利侵害があることとは、必ずしも一致するものではありません。他方、炎上では広く多くの人に注目されているからこそ"炎上"と呼ばれるわけですが、誹謗中傷は必ずしも炎上を伴うものではありません。むしろ、一部の反感を持った人物から粘着的な嫌がらせを受けているだけで、広がりは少ない事例が多くあります。

　炎上においても権利侵害を伴う投稿がされていることもしばしばあり、誹謗中傷事件との重複がある例は一定程度あるはずですが、実務上の感覚としては、炎上事件において犯人を特定して欲しいといった依頼を受けることはほぼありません。むしろ、早々にそのような注目を浴びる事態を収束させたいと考えているのが通常です。

　このように、炎上事件と誹謗中傷事件とは必ずしも一致していないと考えています。『ネット炎上の研究』を読んでみると、両者を区別して取り扱っていたり、論じていたりするわけでは必ずしもないようです。しかし、このような一致しないもの両方を含めて"炎上"と表現しているため、結論にも影響が出ているのではないかと想像されます。

②情報入手ルートの違い

　次に、炎上は、大きく前記の二つのパターンに分けられるわけですが、一般的にいってマスメディア発の炎上の方が拡散力が高いといえます。

　そして、「年収が高い人」「子持ちの人」「男性」という属性を持っている人は、一般的にいえば社会においてそれなりに成功している人ということができるところ、このような人は暇なわけではないのが通

常です。普段忙しく仕事をこなしてこその成功があるのであり，そのような人たちはインターネット発の炎上事件をチェックしたり，つぶさに見ている時間はありません。しかし，マスメディア発のものであれば，普段ニュースを見ていれば得ることができる情報である以上，これを認識することができます。

　すでに述べたように，マスメディアに取り上げられたということは，その時点で社会的関心の高い事件であり，社会的に成功している人たちにとっても関心事といえるのではないかと思います。他方で，社会的に成功している人たちであっても，積極的にインターネットを利用して情報発信をしている人も一定数いるため，ニュースに触発されて何らかの意見を投稿することが一般的に想定できます。

　そして，社会的関心の高い事件は，日々，マスメディアにおいて報道されており，その拡散力・浸透力はインターネットよりも強力であるため，炎上参加者はインターネット発の炎上よりも多くなると想像できます。その結果，「年収が高い人」「子持ちの人」「男性」という属性を持つ人たちも多くの情報発信を行う蓋然性が高まります。

　このような事情から，「年収が高い人」「子持ちの人」「男性」という属性が炎上に多く参加しているという結果になっているのではないかと思われます。

05
なぜ炎上への対応が必要なのか

　『ネット炎上の研究』が指摘するように，炎上参加者がインターネットユーザの0.5％程度にとどまるのであれば，炎上に対して特段の対応をする必要はないのではないかという意見も出てくるところです。

実際，一部の著名な方が「炎上は無視するべき」という主張をしている例もしばしば見ます。

しかし，ここでの問題は炎上を起こしている人が少ないかどうかという点にあるのではなく，炎上の結果として，どのような影響があるのかという点です。炎上は多くの人の目に触れ，人々にネガティブな印象を残していくという効果があるわけであり，炎上参加者の多寡によってその効果が変わるわけでは必ずしもありません。

炎上はもっぱらネガティブな内容であり，一定程度の「世の中の声」を反映したものである以上，これが拡散されることは社会的信用の毀損につながるリスクを生じます。つまり，炎上への対処をしないということは，信用の低下を放置することと同じことといえるのです。

炎上は無視すればよいという主張をする人を見ると，その人自身の発信力が非常に高い人であることが多く，あえて対処をしなくても，その人自身が次々と情報発信をしていくこと自体が炎上への対処になっている側面があるように見受けられます。そのため，"その人にとっては"特に何も対処するまでもないと考えられますが，世の中はそのような情報発信力が高い人・会社ばかりではありません。

したがって，炎上に対しては，放置するのではなく，原則的に何らかの対処をするべきでしょう。

「祭り」と「炎上」

　「祭り」と「炎上」は本質的に同じであると説明しました。

　「祭り」は，もっぱら匿名掲示板「２ちゃんねる」において，特定の話題について集中的にレスがつけられていくような状態を指すために用いられていたものです。２ちゃんねるを利用している人たちは，このような話題になる"ネタ"が投下されることを心待ちにしており，"ネタ"が投下された際には，"みんなでイジる"ことで楽しんでいました。まさに一般社会で「祭りだ！祭りだ！」と騒ぐような，イベントやエンターテインメントとしての「お祭り」の一つであったため，「祭り」という表現を用いたものと思われます。つまり，「祭り」という表現は，もっぱらこれに参加する側から見たものということがいえます。

　他方，「炎上」は，筆者によって定義はまちまちであるものの，少なくとも誰から見たのかという視点は特になく，状態や状況を指す言葉であるという点は共通しています。炎上という表現が定着しておよそ10年といわれますが，10年ほど前に開始されたサービスの一つとしてツイッターがあります。２ちゃんねる以外のブログやツイッターなどの媒体において，個々人が手軽にいろいろな投稿がされるようになった頃から，「祭り」から「炎上」という表現に移行していったように思われます。

　このように「祭り」と「炎上」は，その本質においては違いはないものの，前者はいわば加害者側から見た表現であり，後者は中立的な立場から見た表現であるということができます。

第2章

炎上の初動対応

01
対応の要否の見極め

I　炎上対応の重要性

　炎上は様々な原因で発生しますが、炎上の程度や広がりによって、また、企業の事業規模などによって、そのインパクトは全く異なります。炎上が発生したとして必ずしも全ての炎上が企業にとって危機といえるわけではありません。また、近時、炎上に参加しているのはインターネット利用者の0.5％しかいないという研究結果も発表されており[19]、このようなごく一部の者によるものを殊更に対応する必要があるのかという疑問も生じ得るところです。実際に、インターネットではスルー（無視）するスキルが重要だとしばしばいわれることもあります。実際、炎上は数日、長くても1か月程度で鎮火することが一般的です。炎上を放置してもしばらくすれば収束する以上、対応にかかる手間と費用を節約できることから、危機といえる炎上でなければ対応をしないという考え方も十分あり得ます。

　しかし、インターネット上に投稿された情報は、サイト管理者が削除するか、当該ウェブサイトが閉鎖されるか等しない限り、基本的にインターネット上に残り続けます。インターネット上に残り続けるということは、検索されるといつまで経っても人目に触れるということです。そして、炎上によって拡散した情報の中には、虚偽の情報や誹謗中傷が含まれていることも往々にしてあるところ、対応を全くしないと、虚偽情報も含めて「本当のことだ」と受け取られ続けるリスクが生じることになります。時間が経ってから突然自社の主張や事実関

19　田中＝山口・前掲122頁

係の訂正を発表していくことは通常あり得ないため，対応しないということは，自社の主張や正しい情報への訂正の機会を逸するということと同義といえます。

そのため，最終的に対応するかどうかはケースバイケースとはいえ，炎上の内容・結果が企業にとって危機であるとはいえない場合であっても，放置せず一定の対応をする方が企業のメリットは大きいことが多いと思料されることは，認識しておいた方がよいだろうと思います。

2　対応するかどうかの基準は？

対応するかどうかの判断は「軽微」といえるかどうかにかかりますが，その際は，炎上の内容が自社の商品・サービスに関連するか否か，個人の生命・身体（健康）の安全に関わる問題が発生する可能性があるか否か，二次被害の発生が予想されるか否か，経営幹部等の重要人物が関連するものか否か，会社や役員等に非があるか否か，違法性（または刑事事件としての事件性）があるか否かといった事情を前提に，会社の信用を毀損・失墜させるものかどうか，顧客離れを招いてしまうかどうか，公表しないことが「隠蔽」であると評価されてしまうかどうかといった観点から検討することになるでしょう。

なお，上場企業の場合には，特別損失の計上が見込まれる等，法令等や証券取引所の適時開示ルールにより開示が義務づけられる場合があり，その場合には対応は必須です（ただし，このような状況が見込まれる場合，危機的な事態であると判断しているのが通常と思われるため，軽微かどうかの判断をしていることはないだろうといえます）。

とりあえず具体的な対応をしない（放置する）という判断をした場合であっても，状況の推移を見て，炎上が拡大しそうだという気配を感じた場合（たとえば，批判的なコメントが寄せられ続けている場合など）には，柔軟に対応を切り替える姿勢を持つことは重要です。

ある外食チェーンで食べ放題企画が開催され，それに参加した男性が当該企業のフェイスブックで取り上げられ，写真がアップされたところ，食べ方が汚すぎる，もったいないといった非難が多数寄せられ

たケースがあります。このケースでは，その写真を見た人たちがどのような感想を持つのかについて企業側の想像力が足りなかったという落ち度はあるものの，それ以外に企業として非難されるべき点はありません。そこで，この企業は非難の対象となった男性に謝罪をした上で投稿の削除をしたところ，その後数時間で炎上は収束しました。

このケースは，対外的には問題となった投稿を削除するという対応だけをして，他に具体的対応は取っていませんが，それ以上に炎上は拡散せず，次第に収束しました。炎上はしたものの，企業にも炎上の原因となった者にも，基本的に非はなく，これによる会社の信用を失墜させるような要素もなかったことから，奏功した対応といえそうです。

> **POINT**
> **対応の要否の判断要素**
> ・炎上の内容が自社の商品，サービスに関連するか
> ・個人の生命・身体（健康）の安全に関わる問題が発生する可能性があるか
> ・二次被害の発生が予想されるか
> ・経営幹部等の重要人物が関連するものか
> ・会社や役員等に非があるか
> ・違法性（または刑事事件としての事件性）があるか
> ・会社の信用を毀損，失墜させるものか
> ・顧客離れを招くかどうか

02
対応の手順

1　事実関係と状況の把握

　事実関係と状況の把握は，対応をする必要があるかどうかの判断，どのような対応をするべきかの判断の基礎となるものため，まず最初に必要になることです。この把握のためには，インターネット上でどのような状況になっているのかの調査と，現実において実際の状況がどうなのかの調査が必要になります。

　前者はインターネットを検索することで把握することができますが，その際には，いつ，誰が，どこで（どのSNS等で），何について，どのような言動・行動をとったのか，その言動・行動の理由は何か，批判に対してどのような行動をとったのか，といった点をそれぞれ確認することが重要です。まずこの点を確定できていないと，正確な事実関係を把握することも困難となってしまうからです。

　通常，このような場合，5W1H（いつ（when），誰が（who），どこで（どのSNSで）（where），何について（what），どのような行動・言動をとったのか（how），言動・行動の理由は何か（why））を把握するのが鉄則だと思いますが，ここではさらにもう一つのhow（批判に対してどのような行動をとったのか）を入れることを推奨したいと思います。

　悪ノリ・失言型の炎上の場合に多いのですが，最初に炎上となる火種を投稿した人が，批判に対して感情的に反論をしていたり罵倒していたりする事例が散見されます。このような対応をとると，さらに炎上を加速させることになるだけでなく，今後企業としてとるべき対応との間に矛盾が生じかねないという問題があります。そこで，批判に

対してどのような行動をとったのかという点についても，きちんと把握しておくことが必要になります。

なお，この場合，まとめサイトなどがすでにできている可能性もありますが，そのような二次情報ではなく，炎上の元となった情報，つまり一次情報を確認するよう努めてください。まとめサイトなどは，もっぱらアフィリエイト報酬を得る目的で運営されており，閲覧数が増えれば増えるほどサイトに貼ってある広告が閲覧される可能性が増え，結果，報酬が増加する可能性が高くなるという関係があるため，より閲覧されやすいように（＝より大きな炎上になるように）扇情的な編集をしていることがあります。このような恣意が含まれた情報では，事実関係の把握としては不十分になってしまう可能性があるためです。

> **POINT**
> **炎上の発生原因・経緯の特定〜５W２H**
> ①いつ（when）
> ②誰が（who）
> ③どこで（どのSNSで）（where）
> ④何について（what）
> ⑤どのような行動・言動をとったのか（how）
> ⑥言動・行動の理由は何か（why）
> ⑦批判に対してどのような行動をとったのか（how）

次に，現実の状況の把握は，インターネット上に炎上の原因となる投稿を行った者に接触し，ヒアリングを行い，また，証拠物があるようであればその確認・確保（保全）をすることが，原則として必要になります。たとえば，食品に異物混入があったということであれば，異物混入した食品の購入時期，購入場所，異物を発見した経緯・状況などを詳しく聞き取ることが必要です。

この際に注意しなければいけないのは，あくまで"ご迷惑をおかけした顧客"として対応することが必要であり，クレーマーとして扱っ

てはいけないという点と，情報を隠そうとする姿勢を見せないという点です。デマやクレーマー的要求を想起できるとしても，デマであると断定する事情はその時点で持ち合わせていないのが通常であり，丁寧な対応をせざるを得ません。これを怠ると，どのような対応をされたのかということが，さらに投稿され，炎上を加速させてしまいかねません。他方，不祥事等が想起できるケースでは，できるだけ大事にしたくないとの意識から，それほど深く考えず「今後この件をネットにアップしないで欲しい」などと要望を伝えてしまうことがありますが，これはこれで「圧力をかけられた」「隠蔽しようとしている」などと投稿されてしまう可能性があります。

　実際に，前掲のカップやきそばに異物混入があった事例では，回収に向かった担当者が「お互いのため」等といって口止めをしてきたことが暴露され，さらに炎上が拡大したというケースもあります。

　また，悪ノリ型や失言型の場合には，本人が本当にその投稿（発言）をしたのか，投稿の意図・真意は何かといった点を確認することが必要でしょう。

　次に，告発者等へのヒアリングに並び，社内の関係各所へのヒアリング，状況確認等も必要になります。異物混入の例でいえば，混入の可能性はあるのか，混入経路として想定されるものは何か，どのような対策をとっていたのか，他の製品に問題がないのかといったことを確認していく作業が必要です。ただし，この際に，先入観を抱いたままヒアリングや調査を進めてしまうことに留意する必要があります。すなわち，ヒアリング等の際に自己保身のため都合の良い報告しかしてこない場合があります。そうすると，会社としては，外部に対して自社の対応に問題がなかったという前提で対応してしまうことになりますが，後に告発者の言い分の方が正しかったことが判明すると，企業としてはそのような意図は必ずしもなかったとしても，「隠蔽を図った」等と非難されることになります。

　したがって，なるべく早期に証拠（文書やデータ等）と言い分を突き合わせることで，できる限り客観的な事実関係を把握するように努

める必要があります。

2　対応の心構え

　事実関係と状況の把握が一定程度できれば，次はどのように対応するかを検討することが必要になりますが，対応をするということになるのであれば，対外的発表を伴うことになる以上，広報戦略を策定することが必要になります。そして，このような炎上に対する広報は，危機管理広報の一つと位置づけられます。危機管理広報は，不祥事が生じた際の一連の広報活動を指す言葉ですが，企業が平時に行っている広報活動とは全く異なる対応が必要です。

　平時は会社が発表するCMなどの内容を，受け手が好意的に受け取ってくれることが多いわけですが，不祥事が生じている場合には，広報の内容をそのまま素直に受け取ってくれないことが普通です。たとえば，異物混入のケースで「異物が混入したのはこの件だけで，他に混入していることはあり得ないので安心してください」という発表をしたとして，それをそのまま信じる消費者がどれだけいるでしょうか。実際に，シーチキンに異物混入が発生したケースにおいて，他に異物混入の申し出がないことから，販売している他の製品は安心であり，自主回収等は行わないとしたところ，非常に大きな批判が起こりました[20]。危機管理広報においては，このように，発表したことをそのまま信じてもらうことができない状況の中で，広報活動をしなければならないという難しさがあります。

20　はごろもフーズ株式会社が製造・販売する「シーチキンLフレーク」にゴキブリと見られる異物が混入していたことを，購入者が，平成28年10月13日，購入したスーパーに届け出た。はごろもフーズ社は，翌14日，製造過程で混入した可能性が高いと判断し，19日には購入者に謝罪したが，公表や自主回収は行わなかった。その後，同月27日，メディアからの取材に対して，製造日から1年10か月が経過しているが，同様な申し出は他になく，連続性がないと判断したため，公表も自主回収もしなかったと回答し，これがメディアに掲載された。その結果，不誠実だ，隠蔽企業だといった批判が相次ぎ，さらに同年11月1日には，平成26年にハエが混入していたことがあったことが指摘され，さらなる批判がされる状況になった。

そこで、広報活動をする上で、①正確な事実関係の把握、②公表の誠実性、③迅速な公表と対応という3点を念頭に行う必要があります。

①正確な事実関係の把握

不祥事があった場合、できる限り重大な問題ではないということにしたいとの思いから、正確な事実関係の把握に努めなかったり、被害の詳細や危険性を過小評価してしまうことがあります。また、仮に担当者は正確な事実関係を把握しようとしていたとしても、聞き取りの対象者が嘘をついたり、本当のことを洗いざらい話してくれないという事態も十分あり得ます。そして、それをそのまま信じてしまうこともあるでしょう。しかし、物事を判断するためには、大前提として正確な情報を把握していることが必要であり、それが過不足ない対応につながります。

②公表の誠実性

次に、事実関係を正確に把握できたとしても、不祥事についてはなるべく公表を控えたい、あるいは重大な問題ではないと印象づけたいとの動機が働くことが往々にしてあります。そのため、公表をしない、公表したとしても公表する内容が全体からすればごく一部だけにするといったことがしばしば行われます。

しかし、このような態度は、説明が二転三転する危険を増加させます。たとえば、そのような事実はないという発表をした直後に、外部からの追及で事実を認めざるを得ないようになったとか、また「これだけだ」と発表をした直後に他にも隠していることがあったと追及を受けるといった事態は、しばしば目にするところです。

このような事態は、疑惑をさらに深め、後々さらなる追及を受ける結果となりかねません。そのため、何らかの発表を行う場合には、事実関係に対して真摯な態度で臨み、また世間に対しても真摯な態度をとることが必要です。

③迅速な公表と対応

不祥事関連の炎上は、不安に感じている事項等について何か情報がないかと、多くの人が情報を探し回っている状態であり、公表や対応

が遅いとそれだけでさらに不安を増幅させてしまいます。また、対応が遅いだけで誠実ではないなどといわれることも少なくありません。

　以上の①〜③を備えることが、危機管理広報における一般的な心構えとして必要になります。ただ、炎上の場合、これに加えて覚えておかなければいけないポイントがもう一つあります。それは、炎上は、"正義"の名の下に他者に対する鉄槌、攻撃であり、対話や議論といったものが通じないことが多いということです。

　当事者として事実関係を把握していれば、「事実と違う」と判断すれば反論したくなるのが普通だと思いますが、炎上状態下での反論は逆効果になることが多いのです。反論をすることは「煽り」、すなわち火に油を注ぐ行為であるとされ、反論をすれば、その反論をすること自体で反省をしていないとみなされ、さらに大きな批判が寄せられることになります。結果、炎上は加速します。このようなパターンで炎上している例は少なからずあります。

　たとえば、平成28年4月の熊本地震の折、情報番組の中で熊本県民テレビの男性アナウンサーが、「炊き出しに並んでいた少女二人を列から、雨の中に追いやり、ずぶ濡れにさせた」として、炎上しました。これに対してテレビ局側は、「少女とその親族に対して改めて一連の経緯を説明したところ、少女2人には『テレビ局にどかされた』という自覚はありませんでした」として、「無理に雨の中に出したりした事実はなかったと判断していますが、この映像で視聴者の方々に不快な思いをさせたとすれば、お詫び申し上げます」という発表をしました。しかし、この発表に対しては「謝罪になっていない」「言い訳してるだけ」との批判が相次いでされ、さらに炎上してしまいました。

　本来、ある物事について炎上した場合に、反論があれば、当該反論の内容の是非を含め議論が行われるべきであるはずですが、インターネット上ではもっぱら「自分の考えが正しいということを見せつけたい」人や、「勝利宣言をしたい」人があふれています。なお、多くの事例を見ていて感じるのは、このような人達が繰り返し投稿を行うのは、構って欲しい、他者との一体感を味わいたい、他者を下であると

認識したいといった感情に基づいて行動しているようにも考えられます。そして，このような人たちは，対話や議論をすることを目的にしていないため，事実に基づく反論がされてもそれを無視して，攻撃を継続します。

このような状況があるため，対話や議論を求めること（＝反論すること）は，基本的に避けるべきといえます。

> **POINT 対応の心構え**
> ①正確な事実関係の把握が大前提
> ②公表の際は誠実さをもって行う。隠し事などをしない
> ③迅速な対応と公表を。公表の遅れは不誠実さの現れと受け取られる
> ④議論をしようと思ってはいけない

3　反論の可否

炎上に対して考えられる対応としては，大別すると①無視する（放置する），②反論する，③謝罪するという三つに分類することができます。

しかし，①無視するという選択は，上記のとおり，あまりよい選択ではないと考えます。また，②反論するというのも，基本的には炎上を拡大する結果になることが多く，あまり実践的ではありません。他方で，③謝罪するという方法は，炎上には一定の非があることが多いことを考えると，基本的な対応として考えておくべきであろうと思います。そのため，本書においては，謝罪することを前提にした説明を行うこととします。

ただし，反論をすることで炎上が収束した例もないわけではないため，その点を少々説明します。

たとえば，平成25年3月，署名募集サイトに，準絶滅危惧種のヨシキリザメのフカヒレが使用されていること等を問題にして「無印良品：フカヒレスープの販売を中止してください！」というキャンペーンが

立ち上げられました。3か月後，6.5万人以上の署名が集められた時点で，無印良品側は，使用しているフカヒレは約70％以上の量が宮城県気仙沼港の他，日本国内にて水揚げされたものであり，かつ，マグロ延縄漁の"混獲魚"として水揚げされたもので，ヒレだけを取るためにサメを殺戮し，その他の部分は海上で投棄するFinningではないこと，また，準絶滅危惧種が評価リスト上で低リスクに分類され，その中でもヨシキリザメは下位に位置づけられている上，所管省庁上も法令上も問題がないことを確認済みであるとして，反論を行いました。

その結果，キャンペーンを立ち上げた団体等に対しては，「ただいちゃもんつけて経済活動を邪魔してるようにしか見えない」といった無印良品側を擁護する声が多数あがり，キャンペーン自体が収束しました。

このキャンペーンは「自分の考えが正しいということを見せつけたい」人，つまり自分なりの正義感を貫きたい人たちが始めたものといって差し支えないと思われます。自分なりの正義感を貫きたい人の場合，どのような反論を受けてもそれを修正しようとはしないため，反論は特に逆効果になりやすい傾向があります。しかし，この事例では反論が奏功しています。これには二つの理由があると考えられます。

一つめは，キャンペーン自体は一定程度の広がりを持ち始めていたものの，炎上していたわけではなく，無印良品側が反論を発表したことで注目が集まった事例であることです。つまり，炎上に至る前，ないし炎上し始めた直後の対応であったということが挙げられます。

二つめは，反論の根拠を明示して理路整然と主張をしたことです。明確な根拠を示して反論をしたことで，キャンペーンを行う側が偏った考え方をしているということを印象づけることに成功し，世論を味方につけることができたのです。

また，平成25年6月に，チロルチョコの中に芋虫が入っていたという指摘とともに，その写真がツイッターにアップされたという事例がありました。チロルチョコ社は，その約3時間後に，製造過程の混入が通常なく，家庭での保存状況次第でチョコレートの中に虫が侵入す

ることがある旨の説明を行いましたが，その説明は，日本チョコレート・ココア協会の「よくある質問」のウェブサイトに誘導することで行われました。その結果，炎上が早期に収まるとともに，むしろ賞賛の声が上げられました。

　この事例では，事実上の反論をしているにもかかわらず，反論が奏功しています。投稿から数時間程度という，非常に迅速な対応と，その主張が一方的ではなく，しばしばあり得ることであると第三者による検証が可能な形で示したことを指摘できます。

　このように，反論は基本的には炎上を加速させる結果となりかねないのですが，炎上初期の段階で発表ができるものであること，自社の主張を支える裏づけ証拠が存在し，それが第三者からの検証が可能であること，という二つの要件を満たす場合には，反論は成立し得る可能性があるといえます。

> **POINT**
> **反論するかどうかの考慮要素**
> ①炎上に至る前か炎上直後の対応であるか
> ②反論の根拠を明示することができるか。第三者による検証可能性があるか

4　対応の準備

　対応をするとなると，程度の差はあれど企業としてのスタンスや考え方を公表していくことになります。

　いったん公表を行えば，事案の内容と原因のほか，被害等の範囲，責任の所在，責任の取り方，再発防止策といった基本的な点のみならず，調査方法や調査の範囲等についても質問や意見が多数寄せられることも少なくありません。多数寄せられるこれらの質問や意見に統一的な回答ができないと，それ自体が"ネタ"として炎上の材料にされてしまうことすらあります。

　そのため，公表前に，想定される質問と回答をあらかじめまとめた問答集を作っておくことを検討するべきです。特に，近時は，記者だ

けでなく，一般市民も「電凸」(でんとつ)「メル凸」(めるとつ)といった対応をしてくることに留意が必要です。電凸，メル凸というのは，電話やメールで突撃取材をするという意味のネットスラングであり，文字どおり一般市民が記者となり種々の質問等をしてきます。電凸の怖いところは，電話の様子を録音され，インターネットに公開される可能性があるという点です。

これを「記者ではないから」という理由で拒絶してしまうこともできますが，そのような対応をすれば「社会的責任を果たしていない」，「逃げている」などと非難される可能性が出てきます。そのため，録音されているという前提で丁寧な対応をすること，事実を基本として隠蔽や嘘をつかないことが，電凸，メル凸への対応として必要になってきます。特に，電凸は過度に煽るようなものであったり，クレーマー的に揚げ足をとるような態様でされるものもあり，あえて電話対応をしている人を怒らせようとする態度に出てくる者もあるため，そのような挑発に乗せられないようにすることが重要です。

そして，この対応にあたっては想定問答集を作っておくことは有用です。ただし，いかに詳細な想定問答集を作成しても，想定外の質問はあり得ますし，分厚い想定問答集を作ったとしてもそれを覚えきれるものでもありません。そのため，企業として伝えたい，基本となるメッセージと，これだけはいってはいけないというNGワードを最初に決めておくことが有用です。

なお，企業として公式発表をする前提であれば，電凸やメル凸に対する回答としては，追って公式発表を行うというもので足りることも多いと思われます(⇨電凸・メル凸の対応については第4章04も参照)。

> **POINT**
> **対応の準備**
> ・想定問答集（Q＆A）の作成が必要
> ・準備することで，"電凸""メル凸"への備えにもなる

5　対応の方法

　対応をするということになれば，まず具体的にどのような公表方法を用いるのかを検討する必要があります。対応する方法として考えられるものは，迷惑をかけた人に対して直接の謝罪等を行う（いわば個別対応），ニュースリリース等を発表する，記者会見を行うといった，大きくは三つの方法が考えられます。

　マスメディア発の炎上の場合，すでに大きな話題になってしまっており，世間の注目も非常に大きいことが通常であるため，原則として個別対応だけでは世間が納得しません。そのため，この場合は少なくともニュースリリース等を発表することで，会社としての見解を公にすることが必要不可欠ですし，不祥事等の程度によっては記者会見まで必要になることもあるでしょう。さらに，場合によって新聞等への謝罪広告を検討するべき場合もあると思います。なお，このような事態になっている場合，上場企業の場合には，特別損失の計上が見込まれる等，法令等や証券取引所の適時開示ルールにより開示が義務づけられる場合である蓋然性が高く，適時開示の要否についても検討する必要があるでしょう。

　他方，インターネット発の炎上の場合も，対応することにしたのであれば，ニュースリリース等の発表が必要でしょうが，ここで重要な視点は，「インターネット上の問題はインターネット上で完結させる」ということです。インターネット発の問題は，ネット告発型のものが増えているように感じますが，この類型では直接迷惑をかけた人がいるとしても，その人数は特定の人であるか少数です。そのため，その人に対して直接の謝罪等をすることで本人に納得してもらうとともに，その経緯をニュースリリースなどで報告するのです。炎上の規模が小さいうちであれば，あえて事を大きくする必要はなく，早々にネット上で完結させてしまうべきです。

　具体的な対応方法としては，ホームページの冒頭に「お知らせ」「NEWS」「What's New!」などを掲載している企業も多いと思いますが，そのようなところにニュースリリースを出すという対応をとる

のがよいだろうと思います。

　ただし，炎上の規模によってはリリースを出せば十分というわけではなく，そのリリースが多くの人に届かなければ，リリースをする意味がない場合もあります。そこで，企業がソーシャルメディア等の公式アカウントを保有しているのであれば，そのアカウントでリリースを拡散していくことなどを検討するべきでしょう。

　なお，リリースを画像形式で公開する例がありますが，これは避けた方が無難です。画像形式にすることで，コピー＆ペーストを避けようとしていると受け取られてしまい，謝罪の意思が感じられないとして，かえって炎上してしまうおそれがあるためです。違和感を持たれないようにするためには，HTMLにテキストで直接書くか，PDF形式で公開するべきです。

> **POINT**
>
> **対応方法**
> ・対応方法は大きく分けて以下の三つ
> 　① 個別の謝罪等
> 　② ニュースリリースによる意見表明
> 　③ 記者会見
> ・ネット上の問題にとどまる場合，ネット上で完結させるようにする

03
対応の実践

　対応をする際に押さえるべきポイントは，①謝罪，②事実関係の説明，③原因・再発防止策，④処分の4点です。

　この点をきちんと説明することができなければ，対応として不足で

あるため，さらなる批判を招くおそれがあります。具体的に各事項について説明をしていきます。

1 謝罪

(1) 炎上対応における謝罪の意味

炎上しているということは，理由はともかく企業に対して不快に思っている人が多数いるという状況です。そのため，まずは世間を騒がせてしまったことについて謝罪をすることを検討するべきです。

しかし，謝罪をすると責任を認めたことになるため，法的責任を追及されるのではないかと考え，なるべく謝罪をしたくないと考える人も多いようです。法的責任は，ある結果に対して，企業の行為があり，その結果と行為との間に相当因果関係がある上，企業に故意または過失があるといえる場合に発生します。炎上の内容によっては，企業に法的責任が発生することも当然ありますが，ここでの謝罪は必ずしも法的責任を認めるものではなく，あくまで世間を騒がせたこと，不快にさせてしまったことについて謝罪をすることを考えるべきです。これはいわば道義的に見た場合の企業の社会的責任を認める謝罪です。

一般社会で，迷惑をかけられたり不快な思いをさせられたりした場合に，謝罪もせず居直られたらどのように感じるか想像してみると，謝罪の意味が分かりやすいと思います。このような態度を一度，とくに最初にとられてしまえば，そのような人とは今後付き合いたくない，距離をとろうなどと考えるのが普通ではないでしょうか。そして，後でいくら謝られても，その謝罪は素直に受け取ることはできなくなるでしょう。企業であっても，企業を構成するのは人であり，それを受け取る側も人である以上，この基本的な心情は変わりません。

したがって，社会的意味での謝罪をすることは，炎上を収める上で非常に重要です。そして，謝罪は冒頭にするべきです。いろいろと言い訳をした上で謝罪をしてしまうと，言い訳の方に目がいってしまい，本心から謝っているのかという疑念を持たれてしまうからです。

また，謝罪をする上で，自分は悪くない，巻き込まれただけだ，自分も被害者だといった態度が透けて見えることは，絶対に避ける必要があります。炎上は，従業員の失言・不適切型，悪ノリ型炎上などでは，自社に直接的な非がなくても生じてしまうことがあります。自社に直接的な非がない場合，どうしても「軽率な従業員のせいで会社が被害に遭っている」と考えてしまいがちです。しかし，このような態度が外部からうかがえると，自社の問題として捉えていないとして批判を浴びることになります。翻って考えれば，（事案にもよりますが）十分な従業員教育などができていれば，その炎上を防ぐことができた可能性も十分あるわけで，自社の問題と捉え直すこともできます。そのため，自社に直接的な非がなくても，自社の問題として捉えて対応することが重要です。

(2) 謝罪の要否と目的を考える

　ただし，何であっても謝罪をしなければいけないかというと，そういうわけでもない点が難しいところです。たとえば，企業の事例ではないものの，平成25年10月，東北大学文学部の教授が，東北楽天イーグルスと千葉ロッテマリーンズ戦を観戦しつつ，「マー君は，神である。逆らうものは，地獄に落ちろ！」「神に逆らう不届きものめ！　千葉，滅びろ！」などという投稿をツイッターに繰り返したことで，炎上した事例があります。この際に，東北大学法務・コンプライアンス部は「昨夜の本学教員のツイッターにおける不適切発言では，多くの皆様に不快な思いをさせてしまい，深くお詫び申し上げます。」といった謝罪リリースを出しています。この教授の一連の投稿はたしかに不適切と一般的にいえると思いますが，特定個人を誹謗したわけではなく，違法な内容ともいえません。

　このような，違法ではないものの，不適切な投稿がされたというケースで，どこまで所属団体が責任を負うべきかという点は考える必要がありますが，筆者としては，このケースでは謝罪は不要であったと考えています。この教授に「教授」という肩書きはあるものの，勤務先

の業務と何らかの関係がある発言ではなく，また教授という立場の者に大学が教育をするべきであったともいえないため，大学に何らかの非があるとはいえないと思われるためです。

　他方，謝罪をするべきと考えられる事例では，当然ながら謝罪をすることが必須ですが，「とりあえず謝っておけばよいだろう」「謝ったんだからよいだろう」という意図の下で形式的な謝罪をしても，そのような謝罪は容易に見透かされてしまいます。このような謝罪は，何について謝っているのかよく分からず，「批判を浴びているからとりあえずそれを収めるために謝ってみた」といった場当たり的対応に見えてしまうためです。謝罪は「炎上したから」するのではなく，結果，「迷惑をかけた」ことや，「世の中を騒がせた」ことについて行うものということを認識する必要がありますが，その上で，誰に対して，何に対して謝罪するのかを，具体的に考えてする必要があります。「迷惑をかけた」「世の中を騒がせた」ということを抽象的に謝罪しても，それは結果について謝罪しているに過ぎません。謝罪が一定の評価を受けるためには，何が問題だったのかを理解していることを示してする必要があります。

　たとえば，飲食店の従業員が食器洗浄機に入っている写真をインターネット上にアップした結果，炎上したという事例で考えれば，不衛生な食品が提供されてしまう可能性があるとか，心情的に不衛生に感じてしまう結果，食品の安全・安心に対する信頼が害されたことが炎上の原因であると考えられます。そのため，この"食品の安全・安心に対する信頼"を害してしまったことについて謝罪をするべきということになるのです。

(3)　謝罪におけるNGワード

　ところで，しばしば**「遺憾に思う」**という表現が用いられることがありますが，これは基本的には避けた方が無難です。「遺憾に思う」というのは，「残念に思う」という意味であり本来謝罪の意味がありませんし，残念に思うということは他人事のように捉えていると受け

取られ，自社の責任を回避しようとしているかのような印象を与えてしまうからです。

また，他にもしばしば使用される謝罪文言として，**「誤解を招いた」**，**「結果として」**，**「不快にさせたなら謝る」**などがあります。しかし，いずれについても問題がある"謝罪"となることが多いです。

「誤解を招く」とは，自身の説明不足や言葉足らずにより真意とは異なる解釈をされてしまった場合に使われる言葉です。つまり，考え方，真意には問題はなく，説明不足や言葉足らずであった点について謝罪する言葉ということになります。しかし，使い方によっては，伝わらなかったのは正しく真意を解釈しない受け手側に問題があるのだ，と受け手側を暗に批判しているように感じられてしまう場合も少なくありません。そのため，本当に謝罪をしているのかと疑念を持つ人も少なからず出てくる可能性があります。また，実際には単なる問題発言であるにもかかわらず，あるいは当初の表現から主張する真意を読み取ることはおよそできないにもかかわらず，「誤解を招いた」と表現して謝罪する例もかなり多く見受けられます。したがって，少なくとも「誤解を招いた」という表現を用いるのであれば，真意はこうだったということを説明できるかどうか，また，その真意に世間から批判されるような問題がないかを検証する必要があります。

次に，「結果として」ですが，「結果として」という表現自体に問題があるわけではありません。しかし，前提としている行為が，不手際や不注意，問題言動・行動等であった場合，不手際や不注意がやむを得ないものであった，言動や行動に問題はなかったと認識しているかのように受け取られる場合があります。このように受け取られると，本人は悪いとは思っていない，反省していないということになるため，謝罪は世間から批判されたからとりあえず謝る，といった空疎なものと扱われてしまいます。

これと同様の問題は，「不快にさせたなら謝る」という表現にもあります。不快になるかどうかは受け手の問題であり，自身には責任がないということを前提にしているためです。これでは謝罪したことに

はなりません。

　このように，謝罪をするのであれば，率直に何が問題であったのかを認め，留保や条件をつけることは避けるべきです。

> **謝罪のポイント**
> ・社会的責任と法的責任は必ずしも一致しない
> ・謝罪は冒頭で行う
> ・炎上の原因を自社の問題として認識する
> 　〜「遺憾に思う」，「誤解を招いた」，「結果として」，「不快にさせたなら謝る」などは NG ワード

2　事実関係の説明

　謝罪をすることは第一に重要ですが，世間はそれだけでは納得しないのが通常です。炎上の経緯はまとめサイトなどにまとめられているため，多くの人が事実関係自体は概ね把握している状態にあります。しかし，炎上しているのは，その情報がどこまで正しいものか分からず不安に思っているという側面も少なからずありますし，何か隠し事をしているのではないかと疑心暗鬼になっていることもあります。また，事実と異なることを喧伝されたり，言いがかりをつけられているといったケースもあるでしょう。

　そこで，調査して判明している事実関係を整理して発表することが必要です。事実関係の整理をするためには，5W1Hを意識するのが有用です。いつ（when），誰が（who），どこで（どの SNS で）（where），何について（what），どのような行動・言動をとったのか（how），言動・行動の理由は何か（why）を明確にできれば，不足なく事実関係を伝えることができ，また，事実と異なることは「異なっている」ということが明確になります。

　ただ，炎上は突然発生してしまうため，発表時点で必ずしも全容解明ができていないというケースもそれなりにあります。この場合でも，

その時点で把握している情報を伝えていく努力をするべきです。推測で説明をしてしまうと，後から実際の事実関係とは異なっていたことが判明した場合，そのつもりがあろうとなかろうと，隠蔽していたなどといわれてしまうリスクがあります。したがって，「現時点で判明しているのはここまでです」ということを明確にした説明をするべきです。

また，「個人的にはどう考えるのか」といった質問がされることもあります。これに対して説明を行っている人物が「問題と考えている」などと回答しようものなら，会社としての責任を認識しているなどとされてしまいます。回答した方としては「個人的には」という点を聞かれているので，ついつい回答したくなってしまうのですが，この場はあくまで企業としての説明を行っている場であり，個人の意見や感想が問われている場ではなく，受け取る側としてはあくまで担当者の回答だと受け取ることになります。したがって，このようないわば"ひっかけ"の質問に対してひっかからないよう注意することも必要でしょう。

なお，この説明の際に当事者や事案の切り分けということを意識することが重要です。たとえば，平成25年11月，三井住友建築株式会社が元請けとなって建築したマンションにおいて，杭打ち工事に不備があったためマンションが傾斜したという不祥事がありました。この際，杭打ち工事を担当したのは旭化成株式会社（以下，「旭化成」といいます）の子会社である旭化成建材株式会社（以下，「旭化成建材」といいます）でした。謝罪会見では旭化成と旭化成建材の，それぞれ社長，副社長が出席しています。消費者に対する誠実さを見せようとしているのだと理解できるのですが，この対応は失敗だろうといえます。本来，親会社と子会社という関係があるとしても，それぞれが別法人で独立した責任を負っているはずで，杭打ち工事については旭化成建材が親会社の業務とは無関係に受けていたものと考えられます。そのため，この件ではあくまで「旭化成建材」が主語になることで，「旭化成」への被害を最小限に食い止めることが必要だったといえるので

す。しかし現実には、親会社である旭化成が出てきてしまったため、当然、知名度がある親会社の方が主語となってしまいました。しかも親会社と子会社の商号が似ていることも少なくないところ、旭化成の場合も「旭化成建材」は旭化成に「建材」がついているだけの類似した商号でした。そのため、両者が混同され、世間では"旭化成＝杭打ち不正"というイメージが固まってしまいました。そのため、本来批判の矛先になる必要がなかった旭化成まで批判に晒されてしまったのです（危機管理広報という視点からすると、旭化成はそもそも会見にも出るべきではなかったといえます）。

この点は5W1Hを明らかにすることで一定程度達成することができるものですが、意識をしておかないと、本来関係ないものも炎上に巻き込まれてしまうおそれがあるので、注意するべきでしょう。

> **POINT　事実関係の説明ポイント**
> ・5W1Hを意識する
> ・把握している情報の限りで説明を行い、憶測による説明をしない
> ・「個人的にはどう考えるのか」というひっかけ質問に気をつける
> ・あくまで「自社の説明」を行い、他社のことについて回答しない

3　原因・再発防止策

事実関係の説明とも重複する部分が出てくることも多いのですが、原因の説明をする必要があります。

ここでの"原因"とは、どうしてその炎上の元となる状況が発生してしまっているのかという点です。この説明があることで、同様の問題が再発するおそれ等の不安を払拭できる場合もあり、企業に対して抱く不信感の程度が変わってくることは少なくありません。

たとえば、食品に異物混入があったという事例であれば、製造過程で混入したのか、後からどこかで混入したのかを検証します。後から混入したということであれば、他の製品は安全であると認識できるた

め，不安を払拭できる可能性があります。

　また，企業の公式アカウントで，突然他人に対する暴言が投稿されたという事例であれば，「公式アカウントの担当者が，自分のアカウントと間違えて投稿した」といったところがもっぱらの理由であることがほとんどです。このような事例では，特に発表がなくても担当者がアカウントを間違えたということは閲覧者にも想像がついています。それにもかかわらず，不適切投稿を削除した上で"アカウントが乗っ取られた可能性がある"という趣旨の弁明をするケースが後を絶ちません。本当にそのような理由であればよいのですが，アカウントが乗っ取られたのであれば，パスワード等の変更がされて企業が新たな投稿をすることができなかったり，不適切投稿が繰り返されていたり，またそもそも不適切投稿を削除することも困難な状況になると思われます。そのため，このような弁明は「嘘をついている」可能性が高いと判断され，弁明自体が炎上の原因になってしまいます。他方で，素直に原因を説明し非を認めれば，閲覧者の予想との差異がないため炎上はしにくくなり，炎上したとしても軽微なものにとどめることができます。

　このように，炎上の原因をきちんと把握し，正確に発表することを心がける必要があります。ただし，炎上の原因を従業員の個人的な問題として処理してしまおうとすると，「自社の問題として捉えていない」という評価をされてしまうリスクがあるため，注意が必要です。たとえば，他人に対する暴言を投稿しているような人物が，企業の公式アカウント担当をしていてよいのかといった問題が残るわけです。

　そのため，企業としては「従業員個人の問題である」とするのではなく，全社的問題として捉え，同様の問題を起こさないためには，どのような教育，どのような仕組み作りをする必要があるのかといったところまで考え，これを明らかにする必要があります。

　この点に関して，平成25年8月5日に都内ステーキハウスにおいて，アルバイト店員が大型冷凍庫に入った写真を掲載した事件の対応が参考になります[21]。運営企業は謝罪リリースを発表したのですが，その

末尾に「この度の事態が発生いたしましたことをこの一店舗の事象と捉えず，全社の問題として厳粛に受け止めて，教育及び指導を徹底し，全従業員一丸となって信頼回復に努めて参ります。」としたのです。具体的な方法に触れるものではないのですが，企業としての問題と捉えて，真摯に反省していることが窺えるものであり，参考になります。

なお，原因に対するコメントとしてしばしば見るものの代表として，"コンプライアンスに対する意識の欠如"や"チェック体制の不備"が挙げられます。たしかに，これらが満たされているのであれば，ミスや不祥事が起きることは相当少なくなるでしょうし，これが総論的な意味での理由になることは否定できないでしょう。しかし，このような指摘をしたとしても，具体的な対応策などは見えてきません。せいぜい「役員の交代」，「従業員教育を徹底する」，「意識を高める」等の精神論に近い宣言があるに過ぎず，必ずしも意味のある指摘とはなりません。また，この指摘は取締役がしばしば起こる不祥事を防ぐための仕組み構築を怠っていたという意味で，任務懈怠(けたい)責任があったことを自認するものとみなされかねません。そのため，普段からどのような仕組みを導入し，教育等をしていたのかを説明しつつ，それでも起きてしまった事件について，どのような対応をすることで手当をするのかという点を，具体的に説明するように心がけるべきでしょう。

---

21 平成25年8月5日，株式会社ブロンコビリーが運営するステーキハウスブロンコビリー足立梅島店のアルバイト従業員が，大型冷凍庫に入りこみ，顔だけ外に出している写真を添えて，ツイッターに「バイトなう 残り10分」という投稿をした。これに対して，不衛生だといった批判などが相次ぎ炎上状態となったが，当該アルバイト従業員は，「いちいちうざい，知らないやつが面白がって拡散とかするな」という趣旨の投稿をしたことから，さらに炎上を拡大させた。ブロンコビリー社は，事実確認の上，直ちに当該店舗の休業，当該アルバイト従業員の解雇，損害賠償請求の検討を発表した。なお，最終的に当該店舗を閉店する決定をしている。

> **POINT 原因と再発防止策**
> ・炎上の原因を正確に把握し発表する
> ・炎上原因を従業員の個人的な問題として処理せず，会社の仕組み構築に問題があると捉える

4　処分

　次に，炎上を発生させた者が企業の関係者（従業員や役員）であった場合や，企業自体に不祥事等があって炎上が発生した場合，それに対する責任を誰がどうとるのかを考えることが必要です。

　処分が必要と思われる事例について処分しなければ「身内に甘い会社だ」といわれ，ひいては「本当に反省しているとは思えない」という評価にもつながってしまうおそれがあります。他方で，事案の解明が終わっていない時点で処分を決めると，「都合の悪い関係者を切った」「口封じをした」などと言われることもあります。そのため，処分をするにしても，どのタイミングで処分をするのかは慎重に考える必要があります。

　ただ，ここで注意して検討しなければいけないのは，そもそも処分をするかどうかという点です。従業員が冷蔵庫に入ったなど，不祥事といって差し支えないものであれば，処分をすることに問題はないと思われますが，個人的な意見を表明することについて会社としてはどこまで責任を持つべきなのかという検討が必要です。

　たとえば，前述の東北大学の教授が，東北楽天ゴールデンイーグルス対千葉ロッテマリーンズの試合中に，「滅びろ！」「地獄に落ちろ！」「神に逆らう不届きものめ！」など千葉ロッテに対する暴言をツイッターに投稿した事例では，東北大学は，「東北大学教員によるツイッターにおける不適切発言について」と題する謝罪文を発表し，教授に対しては厳重注意にしています。しかし，これらの発言は教授という肩書きがある人が，野球という全く個人的な趣味に関して若干過激な発言をしたと評すべきものであり，教授としての職務や大学の業務に

何か関係しているものではありません。何かあるとすぐに肩書きや職責と結びつけた批判をされがちで，それに伴い所属団体等も一緒に批判を浴びることも少なくないところですが，それを理由に処分をしてしまうことが果たしてよいことなのかは考える必要があります。本来，企業と従業員とは労務を提供するという契約関係にあるに過ぎず，個人的なことについて原則的に会社から指揮命令を受けるべき関係に立たないからです。そして，何でも処分をするということになれば，「あの会社は従業員を守らない会社だ」といった風評を招くこともあり得ます。

　最終的に処分するかどうかは，就業規則等に定める懲戒事由に該当しているかどうか，役員等については会社との委任関係に背いたといえるかどうかにより検討するべきことであり，内部的な処分については，外部からの声には必ずしも左右されるべきではありません。

　この点に関して，たとえば平成25年6月，復興庁の参事官が「左翼のクソども」などという暴言を投稿をしていることが発覚したケースでは，復興庁は，「復興庁職員のツイッターにおける不適切発言について（根本復興大臣のおわびの言葉）」という謝罪文を発表するとともに，参事官については停職30日の処分をしました。このケースでは，投稿していた内容が業務に関するものであったため，純粋な私的行為とはいえず，処分をする理由があるといえます。

　また，平成27年11月，新潟日報の報道部長が，匿名で，ある弁護士に対して「うるせーな，ハゲ！　はよ弁護士やめろ」などといった暴言や中傷を繰り返したことが分かり，新潟日報社は謝罪と共に無期限懲戒休職の処分をしています。このケースでは，業務との関係は必ずしもありませんでしたが，新潟日報は，個人としての投稿などの場合でも会社への届け出を求め，品位を欠く書込みを禁止する社内規定を設けて指導してきたという事情があります。

　このように，処分をするのであれば，単に社会を騒がせた原因だからということではなく，それ相応の根拠をもってすることが必要になります。

この点に関しては，第4章02でも詳しく解説しています。

> **POINT　処分の要否**
> 懲戒事由に該当しているかどうか等により検討し，外部の声に過度に反応すべきではない

5　アカウントの処理

　失言・不適切型や悪ノリ型などで多いのですが，炎上の発生原因がSNS等への投稿の場合があります。この場合，そのアカウントはどのように処理するべきでしょうか。

(1)　従業員の場合

　まず，従業員が炎上を発生させてしまった場合，炎上させてしまったアカウントのみならず，他に使用しているアカウントについてもいち早く削除するべきです。少なくとも，他人からは見ることができないように設定を変更するべきです。

　炎上してしまうと，そのアカウントがいわゆる匿名アカウントであっても，誰がアカウントを使用しているのか「特定」作業が始まります。この特定作業は，過去の投稿内容やリンクしている他のSNSアカウント，さらには同一のアカウント名を使用しているアカウントを参照するなどして，どこの誰なのかを推測するという作業であり，かなりの精度で誰がアカウント使用者なのかが特定されてしまいます。そして，あくまで経験上でいえることですが，炎上するようなアカウントでは，過去にも問題になり得る投稿をしていることが少なくなく，誰でも閲覧できる状態のまま放置していると，過去の不適切投稿についても発掘され，炎上が加速してしまうことも少なくありません。

　そのため，炎上したアカウントのみならず，他のSNSアカウントについても，少なくとも他人からは見ることができないようにするべ

きなのです。

　なお，アカウントを消すと「逃亡した」などと批判されることもあります。しかし，「逃亡した」と批判されても，それは「炎上を楽しんでいる人にとってのおもちゃがいなくなった」程度の意味であり，気にする必要はありません。アカウントを残しておくデメリットの方がはるかに大きいため，気にせず，なるべく早くに削除するべきでしょう。

　もっとも，アカウントの削除ができるのは当該アカウントを利用している個人に過ぎず，企業が削除することは，アカウントのパスワードを知っているなどごく例外的な場合だけで，基本的に不可能です。また，企業が炎上に気づいた時点では，すでにどこの誰かということの特定が終わってしまっていることも少なくないと思われます。そのため，従業員に対して，炎上の気配を感じたら，すぐにアカウントを削除するなどの措置をとることを教育しておくべきでしょう。

　なお，企業として，炎上しているアカウントが従業員のものであると分かっているという事情があれば，従業員がアカウントを削除する前に，どのような書込みをしていたのかを後で確認できるよう，なるべく多くの記録をPDFなどで出力して，保存するようにしておいた方がよいでしょう。

(2)　経営トップ・役員等の場合

　経営トップ・役員等の場合，企業としての情報発信のため，あるいは個人としてのブランディングのためにSNSを利用していることが多く，そもそも匿名アカウントを利用しているケースは少ないと思われます。このような使い方をしている場合に，炎上を発生させてしまった場合，その人がどのくらい有名なのかにもよりますが，有名であれば有名であるほど，少なくともすぐにアカウントの削除をしてはいけません。

　このような使い方をしている以上，そのアカウントは企業の情報と紐付いていることも少なくありません。企業の経営トップ・役員等は，

いわば企業それ自体と一体と理解される者であるため，失言等があればその失言が「企業としての本音でしょ」と受け取られることになります。そして，アカウントを削除してしまえば，そのアカウント利用者だけでなく，企業も「逃亡した」と受け取られてしまいます。この場合の「逃亡した」は，企業として果たすべき説明責任を果たしていないという批判と同義であり，これに応えないことは，企業の社会的責任を放棄したとみなされるリスクがあります。

　したがって，経営トップ・役員等の場合は，従業員の場合とは異なり，アカウントを存続し，批判を素直に受け止め，謝罪をするべきということになります。

　この点に関して，ライフネット生命の岩瀬大輔社長が，平成26年4月1日，「今日から新年度」というタイトルで，「毎朝定時より30分前にきっちりした身なりで出社し，新聞を読んでなさい」「『毎日コツコツ同じことができるきっちりしている人』は色々と使いようがある」等の内容を掲載した件を他山の石にするべきです。この件では，早出手当が出るのか，労働基準法違反ではないのか，家で新聞を読んではいけないのか，自分以外の人間を駒としか見ていない，といった批判が多数上がりました。これに対して，岩瀬社長がとった行動は，同月3日，「書いたの，4月1日。エイプリルフールですよ」とした上で，「入社1年目の君は，会社にはギリギリ駆け込む感じで着こう。新聞なんて読まなくていい」「会社の同僚たちから信頼してもらうには，とにかく自分の仕事だけ成果を出せばいいよね」など，寄せられた批判を揶揄する投稿をしました。その結果，さらに批判の声は強まってしまい，翌4日，「ブログ内容に関するお詫び」という内容のブログを投稿し，問題の投稿を削除するとともに，感情的な投稿をしたことで不快な思いを抱かせてしまったことに対する謝罪をしました。

　このように，批判を素直に受け止めずに反論をする場合，さらなる批判を招きやすい傾向があります。特に，経営トップ・役員等は，社会的な成功者であると見られるため，それに対する妬み嫉みのような感情が生じやすく，批判も発生しやすい素地があります。

そのため，批判は素直に受け止め，本意とするところと異なって受け止められたのであれば，どのような説明をするべきだったのかという反省も踏まえて謝罪をし，更新を継続するべきでしょう。

(3)　企業の公式アカウントの場合

　企業の公式アカウントと一言でいっても，真面目な内容やもっぱら広告宣伝活動・PRを行っているだけのものから，ゆるい発言やネタ投稿をメインにしているアカウントまで幅広く存在します。

　しかし，いずれの場合でも，炎上の原因を作ってしまった場合に，アカウントを削除してしまえば，企業が説明責任を果たさずに「逃亡した」と受け取られてしまいます。そのような事態になれば，さらなる批判を招くことは想像に難くありません。企業の公式アカウントの削除は，とくに炎上しているタイミングでの削除は，絶対に避けるべきです。

　では，企業の公式アカウントは，炎上時どのような対応をとるべきでしょうか。

　まず，炎上している状態で自社の広告宣伝活動やPRを続けていたり，ゆるい発言やネタ投稿を続けていると，「悪いと思っていないのではないか」「反省がない」「当事者意識が足りないのではないか」などと思われてしまいます。もちろん炎上の程度にもよるわけですが，平常時と同じ活動を続けることで批判を呼び込まないかという観点は持っておくべきです。

　したがって，平常時と同じ活動をすることが批判を呼び込んでしまわないか，まず検討することが必要です。その判断は難しいですが，どの程度の批判がされているのか，炎上がどのくらい広がっているのかを調べることで，一定程度判断できるのではないかと思います。炎上の中では，擁護するような発言が散見される事例もありますが，擁護する声が多く批判の方が少ないという場合，たとえば，誰かが批判を行ったものの批判自体に対して批判が集まっているような場合であれば，会社に批判が向く可能性は低いと判断できます。このような場

合は，平常どおりの更新を続けても批判がされることは通常はないといえるでしょう。

　他方，会社の姿勢や態度に対して批判が集中してしまっているような事例では，さらなる批判を呼び込んでしまう蓋然性が高いと判断できる場合が多いでしょう。そのような場合であれば，いったん更新をする（投稿を行う）ことを自粛するべきです。

　では，どのように自粛するかですが，突然沈黙をするというのも一つの方法といえるかもしれませんが，突然の沈黙はそれ自体が話題として取り上げられることもあるため，あまり好ましい方法ではないといえます。そこで，「不祥事等があったため，SNSの通常の更新を一時停止します」というアナウンスをすることが考えられます。なお，当然のことですが，このような対応をするためには，企業としてどのように炎上に対応するのかと平仄(ひょうそく)を合わせる必要があります。

　次に，単に更新を止めるということでは，せっかく拡散力があるSNSを保有しているというメリットを活かせていないことになります。そこで，通常の更新は止めつつ，炎上への対応について，リアルタイムで発信していくということを検討するべきです。たとえば，ニュースリリースを発表したのであれば，そのタイミングでSNSでもニュースリリースを共有して，情報の拡散に努めるなどしていくべきでしょう。

> **POINT アカウント削除の要否**
> 従業員の個人アカウント　→削除○
> 役員の個人アカウント　　→削除×
> 企業の公式アカウント　　→削除×

6　情報管理の重要性

　炎上が発生した場合，いろいろなところから情報を得ようとしている人が多数います。その最たるものが電凸，メル凸です。

広報や代表窓口に寄せられたものであれば，事前に人員を配置し，統一的な対応をとるように準備する余地もありますが，電凸，メル凸は会社の広報や代表窓口に寄せられるとは限りません。

　公表されている電話番号に手当たり次第電話をかけてきたりすることも珍しくありませんし，全く無関係の部署に電凸，メル凸がされることもあります。この場合，電凸，メル凸を受けた人が，個別の対応をとってしまった場合，対応の違い自体をネタにされてしまう可能性もあります。

　また，電凸，メル凸のみならず，会社の前まで実際に来て会社から出てきた従業員に声をかけて取材をするということもしばしば行われます。このような取材はマスメディアも比較的利用する方法ですが，最近はマスメディア以外の者が動画共有サービスへの投稿を目的として，同様のことを行うことも見受けられるようになってきています。このような取材の際にどのように対応するのかを事前に決めておかないと，「あの会社がこのような発言をした」などと，前後の文脈を無視して都合よく編集されたり，脚色されて報じられたりしてしまうおそれがあります。とくに，自社批判をするような発言があったりすると，格好のネタにされてしまいます。

　そのため，会社としては，炎上が発生したときは，従業員に個別に取材等があったとしても，名目にかかわらず取材に応じたり，何か発信したりすることはないよう徹底するべきでしょう。

> **POINT**
> **電凸・メル凸対応**
> ・電凸，メル凸は広報や代表窓口に寄せられるとは限らない
> ・電凸，メル凸対応は全社的に統一的見解を共有するか，窓口を一本化する
> ・一般の従業員は取材には一切応じないように指導

7　プレスリリースの作成方法

(1)　プレスリリースの目的

　プレスリリースとは，一般的に，企業が新聞，テレビ，雑誌，ニュースサイト等のメディアに向けて情報を発信する広報の手法を指します。

　プレスリリースを掲載する目的は，不祥事等が何もないときであれば，自社の新商品や新サービスなどが開始されたことをメディアに向けてアピールし，記事として取り上げてもらうことを目的にしていることが通常で，いわばPRの一環として行っています。

　しかし，不祥事が起きてしまった場合のプレスリリースは，これとは全く異なる目的の下に行うことが必要です。不祥事が起きた場合のプレスリリースは，会社としての見解を公式に示すものであり，不祥事に責任がある場合には，実質的に「謝罪文」としての意味を持つことになります。

　そして，「プレス」リリースとして，メディア向けに発表するものではありますが，リリースはメディアに取り上げられて記事という形で個々の消費者に届けられることになるものです。しかも，特に近時はウェブニュース媒体が増加しており，また，個々の消費者もウェブ媒体を持ち，積極的に情報発信をしている人が増えています。しかも，電凸などの方法で直接的な方法で質問をしてくる人もいます。したがって，リリースは一般の消費者が見た場合にどのように感じるかということを十分に意識しながら記載する必要があります。

　プレスリリースの内容に疑義・疑念が生じたり，謝罪の意思が感じられなかったりすれば，プレスリリースを出すことによりさらに炎上が生じるような事態を招き，本末転倒といえます。

　たとえば，平成26年9月，大阪市のコンビニエンスストアで，客が店長に土下座を強要し，商品をお詫びの品として奪った結果，この人物と関係する人物が恐喝罪で逮捕された事件がありました。これに関して当該人物の勤務先会社が「弊社従業員が逮捕されましたことで，多くの皆様にご迷惑とご心配をおかけしましたことを，深くお詫び申

し上げます」と公式サイトで謝罪しました。これに続き,「この度のことは私人としてなしたこととはいえ,弊社としてもそのことに対しての道義的責任を感じざるをえず,誠に遺憾に存じます。社会的責任は重大であり,許されることではなく,厳正に対処する所存であります」とし,「今後は以前にも増して全従業員,一丸となって名誉と信用の回復に努め,二度とこのようなことのないよう指導していき,地域社会に貢献できるよう努めてまいります」としています。

　これだけ見ると,企業として誠実に謝罪をしているようにも見えます。しかし,この謝罪文の内容は,とあるウェブサイトで公開されている謝罪文のテンプレートをほぼコピー＆ペーストしているものであることが発覚し,それが原因となって会社自体についても炎上が発生しました。

　よくプレスリリースを利用している企業であっても,不祥事関連のプレスリリースを出したことがない企業はかなり多いでしょうし,不祥事関連のプレスリリースの社内的な書式を準備している企業も多くはないでしょう。そのため,インターネットで検索した謝罪文のテンプレートがあれば,これを利用してプレスリリースを作ってしまうことは,いきおい多くなるのではないかと思います。しかし,このような対応をとってしまうと,この例のように炎上の引き金になってしまう可能性も否定できないため,発生した事案に応じたプレスリリースを一から考えるべきでしょう。

⑵　プレスリリースの作り方

　プレスリリースの書式やフォーマットといったものは,とくに決まりやルールがあるわけではないため,それぞれの企業ごとに考えた内容を記載すればよいというのが原則です。

　一般的には**図表2-1**のようなフォーマットを用いることが通常であるため,これに沿って説明をしていこうと思います。

図表2-1　プレスリリースの例

ニュースリリース

2017年2月25日

○○株式会社

代表取締役　○○

　　　　　　　　　　　○○についてのお詫び（タイトル）

　平素は○○株式会社へ格別のご高配を賜り，厚く御礼申し上げます。

　このたび，弊社従業員が○○をしたことが，2017年2月24日に判明いたしました。○○の方々には大変ご迷惑をおかけするとともに，多くの方にご心配をおかけしましたことを，深くお詫び申し上げます。

　本件に関する経緯と対応は以下のとおりです。

【経緯】
○○○○

【今後の対応】
○○

【被害者への補償】
○○

　　　　　　　【本件に関するお問い合わせ先】
　　　　　　　○○株式会社　広報担当　○○
　　　　　東京地千代田区5－6－8　甲乙ビル3F
　　　TEL 03-1234-5678 FAX 03-1234-5679 mail:info@xxx.co.jp

① **冒頭部分**

　左上の「ニュースリリース」とした部分や、「日付」「社名」などは、レターヘッドのようなもので、いわば定形部分です。そのため、この点はとくに手を加える必要はないといえます。

　炎上に関するリリース例を見ると、日付が入っていないものが多いようですが、日付を入れていないリリースだと、後から見た場合にいつのものか不明となってしまいます。そこで、日付部分については、忘れずに入れるようにします。

　また、「ニュースリリース」とした部分について、通常のプレスリリースなどでは「報道関係者各位」としている例も多いですが、炎上は報道関係者が取り上げる前に発生してしまっているのが通常です。そのため、必ずしも報道関係者のみを対象にするのではなく、一般の顧客・利用者に対しても情報を訴求していくことを考えるべきです。そのため、報道関係者に限定したリリースではなく、ニュースリリースとした方がよいのではないかと思います。

　なお企業により、所在地や電話番号、FAX番号などを入れている例もありますが、この部分に企業に関する多くの情報が入ってしまうと、本文に辿り着くまでの時間が長くなってしまいます。企業に関する情報は最後の部分で触れていれば十分でしょう。

② **タイトル**

　プレスリリースは、1～2枚の中に適切に情報を入れ込むことが必要で、かつ、一見して内容を把握できるものにする必要があります。そのために有用なのは、「結論を先に書く」ということです。

　リリース作成においては、「リリースのタイトルがそのままニュースの記事になるように工夫しろ」という教育がされることが多いと思います。これはもっぱらポジティブな内容をリリースする際の教育に関するもの、すなわちPRに関するリリースの作成方法に関するものです。当然のことながら、ネガティブな内容のものがニュース記事になることは望ましい事態ではありませんから、これはネガティブな内

容に関するリリースに直接的に当てはまるわけではありません。

　しかし，この教育の趣旨は，そのリリースで何を言いたいのかを一見して分かるようにするという点にあると思われます。リリースの目的は多くの人に情報を提供する点にあるのであり，これはネガティブな内容に関するものであっても同様です。そのため，リリースを受け取った者がすぐに内容を把握できるよう，タイトルを工夫するべきです。

　しばしばあるのが「○○について」「○○に関するご報告」というタイトルのものです。これで形式的には，何についてのリリースであるかは理解できますが，そのリリースで何を言いたいのかは，実際に中身を見ていかなければ判断することができません。すなわち，謝罪をしたいということなのか，事実無根で反論したいということなのかといった点が分からないのです。

　そのため，たとえば「○○についてのお詫び」といったように，タイトルだけ見て，お詫びと理解できる形にします。これによってタイトル部分だけで謝罪をしようとしていることが一見して理解できることになります。そして，謝罪するべき事案においては，冒頭からお詫びの姿勢を持っているということを強調でき，真摯な反省をしていることを伝えやすくなるというメリットもあります。

　また，タイトル以外にさらに詳細な情報を伝えたい場合や，タイトル以外に重要と考える情報を伝えたい場合などは，サブタイトルを用いることも検討してもよいでしょう。たとえば，健康被害が生じるのではないかという疑念が生じ得る事案であった場合は，「〜健康上への問題はありません〜」といったサブタイトルをつけることで，健康被害に関する不安を払拭することなどが考えられます。ただし，記載する内容によっては，悪いと思っていないのではないかといった印象を与えることもあるため，どのような記載をするかは慎重な検討をするべきです。

③ リード文

　リード文は，本文に入る前の冒頭の書き出し部分のことです。ここでは，リリースにおいて伝えたいことの要素を書き出し，読み手に会社として当該事案にどのような姿勢で対応するのかが伝わるようにすることを第一に考えるべきです。

　そのためには，できる限り５Ｗ１Ｈ（誰が（Who），いつ（When），何を（What），どこで（Where），何故（Why），どうやって（How））をおさえた上で，謝罪の意思等を明らかにする文章を考えるべきです。

　このリード部分までの内容で，読み手にとって重要な情報が書かれていないようであれば，読む価値のないリリースといって過言ではありません。タイトルとリード文で，リリースの８割が決まる，ということがしばしばいわれますが，これはネガティブな内容のリリースでも同様です。

　ネガティブな内容であるからこそ，迅速で誠実な対応をすることが何より重要であり，そのような対応があればこそ信頼回復にも結びつきやすくなります。

④ 本文

　本文は，リード文に続けて記載する部分です。ここでは，企業が質問を受けそうな点について，一通り網羅するものにする必要があります。

　そのため，事件が発生したのはいつと認識しているのか，会社と関係があることなのか，会社としての見解・対応は何か，再発防止策は何か，従業員の処分はあるのか，あるとすればどのような処分なのか，といった点などを記載していくことが必要です。

　しかし，丁寧な記載が必要である反面，内容が複雑で分かりにくいものであれば，企業の伝えたいことが伝わらないことになります。内容が詳細すぎて読むのが大変になるようであれば，リリースとして失格です。

　そのため，リリースは，全体としてＡ４用紙１〜２枚程度の分量で，

簡潔・明快な内容になるよう心掛けるべきです。その際は、小見出しをつけることで見やすさの向上を図るようにするべきでしょう。

ところで、リリースは一種の謝罪文になるのが通常であるため、謝罪の意思を読み取ることができないものであれば、リリースとしての意味がなくなってしまいます。そのため、謝罪の意思はなるべくはじめに記載するほか、複数回繰り返すようにするべきです。

また、記載している情報が間違っていると、「検証や確認作業をしていないということ＝反省をしていない」という構図や、「数字などが間違っている＝過小に見せようとしている」という構図で捉えられる結果、間違い自体が炎上の原因となってしまうおそれがあります。しかも、これは意図的なものでなくても、意図的なものであるとされてしまうおそれがあるのです。したがって、記載する情報が正しいものであるかを、リリース発表前に十分に検討する必要があります。

> **POINT　プレスリリースの作成方法**
> ・タイトルに一番言いたいことを書く
> ・５Ｗ１Ｈを意識したリード文を検討する
> ・リリースは全体としてＡ４用紙１〜２枚程度の分量にとどめる

8　想定問答集（Q&A）の作成

(1)　想定される質問を出しつくす

プレスリリースには、問い合わせ先を記載するのが通常です。記載した問い合わせ先には多くの問い合わせが寄せられるだけでなく、記載以外の部署などにも問い合わせが寄せられる可能性も否定できません。このような問い合わせへの対応に、場当たり的な対応をしていたのでは信頼を損なうことになります。そこで、想定問答集の作成が必要になってきます。

想定問答集を作成することで、問い合わせ対応への回答の方向性を

統一することができ，なにより多角的な視点から事案を検討することになるため，事案の整理をすることができます。さらに，プレスリリースを作成する上で必要な情報，つまり世間の疑問等に答えるという観点からの情報収集により，プレスリリースの内容にも厚みが出るという効果があります。

　したがって，プレスリリースを作成する際には，必ず想定問答集（Q&A）を一対で作る必要があります。

　想定問答集の作成にあたっては，当然ながら，想定する「質問」と「回答」を準備します。

　質問は，あくまで相手が知りたいことを予想することが必要であるため，こちらが言いたいことを主軸に据えて考えても，よい想定質問は出てきません。つまり，どのような回答をしたいかという観点から考えること，つまり回答から質問を考えても，そのような質問には相手の興味が向いていないことが通常で，想定問答集の作成方法としてはあまり実効的ではありません。そのため，想定問答集の作成にあたっては，できる限り相手からの「質問」をまず挙げていきます。

　そして，相手が「どのような疑問を持っているか」「どのような問題意識を持っているか」といった観点から，できるだけ多くの質問を挙げていきます。その際，仮に質問や想定する回答が重複してもよいので，できるだけ多角的な視点で検討するべきであり，とくに回答が難しい「言えないこと」や「言いにくいこと」についてもきちんと挙げることが重要です。一般的に，回答が難しい「言えないこと」や「言いにくいこと」が，まさに世間が知りたいと考えていること（＝記者が聞きたいこと）になるためです。そのため，回答が難しいものにどのように回答するのかを考えることに重要な意味があります。

　ところで，ただ単にできるだけ多くの質問を，といっても何らかの指針がなければ検討が難しいかもしれません。質問を考える上では，広く色々な事項について目を配った質問と，ある事項について深掘りする質問がある，ということを意識するとよいでしょう。

　つまり，横型思考と縦型思考をするということです。まずは横型思

考で色々な項目を挙げるようにすれば，深掘り質問も挙げることができると思います。

このとき，一人の担当者が質問を出すだけだと，どうしても視点が固定化しがちになるため，複数人で挙げていくとよいでしょう。

なお，想定質問として考えておくべき項目は，事例により異なりますが，一般的には，①事実経過，②発覚の経緯，③現在の状況，④被害等の程度・範囲，⑤危険性の有無・程度，⑥原因・責任の所在，⑦対策・再発防止策，⑧過去の同種事案の有無・内容，⑨被害拡大についての見通し，⑩補償の有無・程度・範囲，⑪今後の見通し，⑫経営への影響の有無・程度，といったことが考えられます。これらの項目を念頭に考えることで，漏れのない想定質問を作成する指針になるかもしれません。

想定質問を出し切ったら，質問内容による項目の分類を行い，重複があれば質問の削除や調整を行います。

POINT

想定質問の作成

・相手が知りたいと想定されることを多角的に挙げる
・多角的に挙げるためには，横型思考と縦型思考が有効
・以下の点を満たすようにする

①事実経過　　　　　　　　②発覚の経緯
③現在の状況　　　　　　　④被害等の程度・範囲
⑤危険性の有無・程度　　　⑥原因・責任の所在
⑦対策・再発防止策　　　　⑧過去の同種事案の有無・内容
⑨被害拡大についての見通し　⑩補償の有無・程度・範囲
⑪今後の見通し　　　　　　⑫経営への影響の有無・程度

---

(2) 想定回答の作成

想定質問の作成ができれば，回答案作成に入ります。回答案は，担当者が一応の回答案を作成できる部分については，書き入れていくのが通常ですが，その際，できる限り会社として「伝えたいこと」を積

極的に回答内容に反映されるようにするべきです。「伝えたいこと」というのは，その事案における個々の対応ではなく（その点はとくに意識をしなくても多くの質問がされることが予想され，また，回答も充実するところだろうと想定されます），会社の姿勢（社会貢献やCSRなど）がどのようなものかという点です。

　次に，担当者が入れることができないものや，より詳細を把握する必要があるものについては，関連部署に回答案を作成してもらうといった手配をする必要があります。その際，各部署の持ち回りで回答をしてもらうという形式ではなく，関係部署に同時並行的にファイルを交付して，回答を埋めてもらう作業をするとよいでしょう。この方法の方が時間の節約になる上，部署によって回答内容が異なる，ニュアンスが異なるというのが通常であるため，そのような違いを把握してどのように回答するのが適切かを検討する上でも都合がよいためです。

　各部署に回答を記入してもらう際，当初の回答内容は，一般的には，丁寧に説明しようとするため，回答が長くなりすぎることが多いのですが，まずは回答の長さは気にせず，正確に回答してもらえるようにすることが重要です。また，その時点では回答ができないというものや，分からないというものもある場合には「分からない」という回答をしてもらうようにする必要があります。事実関係を把握する上では，「分からない」ということを把握することも一つの重要なことだからです。また，その時点で分からないに過ぎない場合には，いつであれば分かるのかということと，その根拠を回答してもらうようにするべきです。

　各部署から回答が集まれば，回答漏れがないか，回答内容に矛盾するものがないか等を一旦精査します。その上で，長い回答を過不足ない形に整えるとともに，矛盾する回答があればなぜそのような回答になるのかを確認し，会社としてどのような回答をするべきかを検討し，回答案を作成します。

　ここでもっとも重要なのは，回答が難しい「言えないこと」や「言

いにくいこと」についてどのような回答をするかという点です。このような質問から逃げることは批判を招きやすいため，できる限り回答をする必要があります。しかし，嘘をつく結果になる回答（意図的に事実と異なる回答をするものは論外ですが，意図的でなくても"隠蔽"と評価されかねないものも含みます）は，それが露見した際に取り返しのつかないことになるため，絶対に避ける必要もあります。そのため，何をどこまで言うのか，どのような表現にするのかを慎重に検討する必要があります。

ところで，「言えないこと」についてもう少々分析すると，絶対に言うことができないものと，その時点では言えないことに分けることができます。前者については，なぜ回答できないのか理由を説明することが必要であり，後者については，いつになれば回答が可能なのか，その理由は何かということを説明することが必要です。その説明があるかどうかで，回答を聞いた側の納得感が全く異なるものになるためです。

また，回答案を作成していると，自社や自分たちに関係のない質問が入っていることがあります。たとえば，A社の問題であるはずなのに，業務提携先のB社の業績への影響についての質問がされるような場合です。この場合，ケースバイケースではありますが，仮に実際にはどのような影響があるのかを知っていたり，予想できたりする場合であっても，「回答する立場にない」という回答をするのが無難でしょう。他社のことである以上，正確な状況の把握ができているわけではないことが通常であり，また他社は他社で何らかの考えを持って発表したいことがあるかもしれません。何より，他社を問題に巻き込む結果になるリスクもあります。

なお，回答案を作成する際，要点だけ示すのではなく，そのまま回答しても問題ない形にするのがよいでしょう。言い方や語尾にどのような表現が用いられているのかといった点から，会社の本音がどこにあるのかを推測されてしまうのが通常であるため，表現方法の一つ一つにこだわる必要があるからです。

> **POINT 想定回答の作成**
> ・回答案は，そのまま読み上げることができる形で作成する
> ・「伝えたいこと」を積極的に回答に盛り込む
> ・各部署への依頼をする場合は同時並行的に
> ・「分からないこと」を把握することも重要
> ・「言えないこと」「言いにくいこと」こそ慎重な回答案を作成
> ・「言えないこと」については，なぜ言えないのかの理由を説明
> ・自社と関係ない質問には「回答する立場にない」という回答を

(3) 想定問答の分類

　想定問答の一覧が完成したら，それで終わりではありません。
　次は，これを重要性に応じて分類することが必要です。具体的には，まず以下の三つに分類します。
①聞かれなくても言うべきこと
②聞かれたら言うべきこと
③聞かれても言うべきでないこと
　①については，ニュースリリース等でも絶対に触れなければいけない事項です。実際に取材等があったときでも，繰り返し触れることが必要です。
　②については，回答するかどうかにさらに濃淡があるのが通常であり，回答しても構わないというものから，できれば回答したくないというものまであるでしょう。この濃淡を意識して，さらに分類をするべきです。
　③については，先に説明したとおり，絶対に言うことができないものと，その時点では言えないことがあると思われるため，この分類も行うべきです。
　この分類が終わったら，内容に応じた大項目による分類を行い，さらに各想定質問に通し番号をつけるようにするとよいでしょう。通し番号をつけることで，たとえば記者会見の際に同席している者が何番が回答に当たるものだということを素早く発表者に教えることができ

る蓋然性が上がるためです。

9　記者会見

(1)　記者会見の目的・要否

　記者会見は，一般的には，マスメディアに会見を取り上げられることで，広く世間に情報発信をすることを目的としています。

　不祥事対応としての記者会見の場合，あまり世間には出たくないと考えるのが人情ではありますが，積極的に記者会見を行うべき場合があり，大きく分ければ以下のような三つのパターンがあります。
①被害拡大を防止するために早期の情報発信が必要な場合
②社会的関心が非常に高く，直接説明することが求められる場合
③間違った情報が拡散しており，これを早期に是正する必要がある場合

　①は，生命・身体・財産などへの被害が生じかねない問題が起こった際に，関係するであろう人それぞれに連絡をしていたのでは間に合わないといった状況がある場合です。たとえば，食品製造工場で，従業員が意図的な異物混入をしていたことが判明したような場合などです。

　②は，不祥事の内容が社会に与える影響が大きく，ニュースリリースなどで説明をしても「説明不足だ」と感じられるような事例において，説明責任を果たすために要請される場合です。①のようなものと重複する場合もありますが，他にもたとえば粉飾決算をしていたといったことなどがあり得るでしょう。

　③は，間違った情報が広まってしまい，訂正のためのニュースリリースなどを行っても是正が困難と思われるような場合に，直接記者の質問に答えることで正しい情報を発信してもらうことを意図して行います。

　記者会見が必要になるような炎上は，マス・メディア発の炎上の場合を除けば，実際のところそこまで多くはないだろうと思われますが，最悪の事態の場合には記者会見まで必要になることもあるということ

は考えておくべきでしょう。

　なお，記者会見が必要かどうかは，世論の温度感により決めることが必要で，「これがあったから必ず記者会見をしなければいけない」と，事前に決めておくことが難しいものです。

　たとえば，一昔前であれば，いわゆる食品に異物が混入していたというニュースがしきりに取り上げられたことがあり，その際は世間の関心が非常に高く，記者会見で実際に記者からの質疑応答に答えなければ，会社としての説明責任を果たしていないと捉えられる風潮がありました。しかし，その風潮は一巡し，平成28年8月時点では，食品に異物混入があったとしても，混入していたという報告をした人への謝罪とニュースリリース等を行うことで終わっていることが多く，記者会見まで必要といった風潮はありません。このような状況で記者会見を行ってしまえば，逆に注目を浴びてしまい，会社にとって悪印象だけを植えつける結果となりかねません。

　そのため，記者会見を行う必要があるかどうかは，上記①～③を意識しつつ，世間において発生している同種事案において，他社がどのような対応をしているのかといった観察も踏まえて，決定することが必要です。

(2)　資料等の準備

　記者会見を行うことが決まった場合，何の準備もなく行うことは当然不可能であり，記者会見で話すべき内容を用意したり，配付資料の用意をすることが必要です。

　一般的には，
①会見原稿
②想定問答集
③ポジションペーパー
④会見進行表
⑤ニュースリリース等，補足資料，関係資料
を準備します。

会見原稿とは，問題事案の概要とそれに対して会社としてどのような対応をしているのか，今後どのような対応をしていくのかといった基本的な方針を話すための原稿です。分かりやすく，疑義が生じないような内容を検討することが必要です。なお，この作成の際にも想定問答集を検討したことが生きてきます。

　ポジションペーパーとは，会社のスタンス・考え方・方針（強調したいポイント）と，絶対に話してはいけない事項（NGワード）等を記載した内部資料[22]です（**図表2-2**）。質疑応答の際に，いかに想定問答集を作成して準備をしても，質問を予想しきることは通常困難で，回答を用意していない質問がされることは往々にしてあります。しかし，この場合に回答に窮してしまう事態は避けることが必要です。また，回答に窮すると頭が真っ白になり，言ってはいけないことを言ってしまうことも避ける必要があります。

　そこで回答に窮しそうなときは，強調したいポイントを繰り返すとともに，質問に沿った一言程度の回答をすることでこの事態を乗り切れることが多くあります。そのために，ポジションペーパーを作成して，いつでも強調したいポイントとNGワードを確認できるようにしておくのです。

　また，会見進行表は，記者会見をどのような段取りで進行するかを決めておくものです（**図表2-3**）。会見の段取りが悪いと，それだけで悪印象を増幅させてしまうため，スムーズな進行は非常に重要です。一般的な進行は，①入場，②司会挨拶，登壇者の説明，③登壇者からの謝罪・説明，④質疑応答，⑤退場ですが，これに応じたそれぞれの予定時刻や，司会の台詞なども書き入れておきます。

　さらに，会見の時点でニュースリリースを出している場合には，それも配布するために準備をしておくべきです。記者はニュースリリースに目を通してきていることは多いですが，時間がなくて見ることが

---

[22] ポジションペーパーは内部資料ではなく外部に公開することを前提にしているものもあるが，外部に公表するものはニュースリリース等で行えば十分と考える。

図表2-2　ポジションペーパーの例

【事案】
平成29年1月20日に発生した異物混入に関する炎上

【強調するべきポイント】
・食の安心を損ねたことに対する謝罪
・自主回収を検討していること
・現時点で把握している事例は1件だけであること
・……

【NGワード】
・よくあること
・食べても健康被害はない

【経緯】
◇平成29年1月20日
11：30　異物が混入している弊社製品がSNSに投稿されているという一報が入る
11：35　当該写真を確認．経緯確認と投稿者とコンタクトを取るよう指示
11：45　……
……　　……
◇同月21日
10：45　異物が製造過程で混入したことを確認
……　　……

できていないこともあり，手元に印刷して準備してあることで，より記事を書きやすくなります。併せて，説明を理解する助けとなる補足資料や関係資料があれば，それも用意して配布するようにすると丁寧でしょう。

(3)　発表者の選定

　記者会見においてスポークスパーソンとなるべきは，基本的には企業における最終的な責任を負う人物である代表取締役が適切です。もっとも，代表取締役が海外出張に行っている間に記者会見が必要になる事態が発生したなど，必ずしも常に代表取締役が対応できるわけではありません。その場合には，問題内容に関する担当役員（責任者）などが代わりに出席するということでもよいでしょう。

　ただし，代表取締役が出席しないとなれば，「社長自らが謝罪をしないということは，その程度の事案と考えているということか」といった意地の悪い質問をされることにもなります。そのため，代表取締役が出席できない場合には，出席しない理由の説明についても想定問答集に織り込んでおく必要があります。

　また，代表取締役や担当役員が詳細な事実関係を知っているわけではないことも少なくないことや，専門的・技術的な事項に関する知見が必要になる場合もあるため，これに対応することができる従業員も同席させることを検討するべきでしょう。ただし，同席した従業員が全ての質問に回答したり，従業員に都度確認をとるような事態は，問題に対する真摯さを欠いていると評価されてしまいます。そのため，従業員が回答するのは，補足説明であったり，専門的・技術的な説明の点など，限定的に考えておくべきでしょう。

　なお，会見に弁護士を同席させるかという問題があるところですが，会社が自社の問題として真摯に取り組んでいるという姿勢を示すためにも，弁護士の同席は避けた方がよいと考えます。弁護士が同席することで，責任をできるだけ回避しようとしているといった印象を与えることが多く，「逃げの姿勢」と受け取られてしまうためです。弁護

図表2-3　会見進行表の例

時間	内容	メモ／司会者コメント
17：30	開場	受付開始（名刺を受け取り，リリースを渡す）
18：00	登壇者入場，着席	
18：02	司会者挨拶 登壇者は司会の紹介されたら，起立して一礼	「皆様本日は，お忙しい所，お集まりいただきありがとうございます。 　只今より記者会見を開催させていただきます。 　会見に先立ちまして，本日の出席者をご紹介させていただきます。 　皆様の向かって左手から， ①（氏名，肩書） ②（氏名，肩書） でございます。どうぞよろしくお願いいたします。 それでは，早速会見に移らせていただきます。 では●●社長，お願いいたします。」
18：05	社長からご説明	
18：20	質疑応答	「それでは引き続き，質疑応答に移らせていただきます。ご質問のある方は，挙手をもってお示しください。」 「なおご質問の際には，社名，お名前をおっしゃっていただければ幸いです。司会の私からご指名させていただきますが，係りの者がマイクを持ってお伺いしますので，ご発言の程お願いいたします。」
18：30	質疑応答終了 （司会者コメント）	「誠に申し訳ございませんが，時間の都合もございますので，次のご質問で最後にさせて頂きたいと思います。」 （ただし会場の様子を見て，2～3問受け付けることも可）
18：35	閉会コメント	「それでは，予定した時間となりましたので，この辺りで記者会見を終わらせていただきます。 なお，誠に勝手ではございますが，登壇者より先に退場させていただきます。 本日は皆さまお忙しい中，お集まりいただき誠にありがとうございました。」
18：37	退場	

士は，会見場内に待機しておいてもらうことで十分でしょう。

　ほかに，会見を円滑に行う上では司会者が必要ですが，司会は広報部長が行うことが一般的です。

(4)　会場の手配

　記者会見を行うには，その場所を確保することが必要です。社内に適したスペースがあればよいですが，狭い会場だと記者が入りきらない，カメラ等の機材が入らないといった問題が発生することになります。このような問題は会見に対する不満に，さらにはその後書かれる記事の論調にも影響しかねません。

　したがって，記者が不満なく会見に出席できるような会場を速やかに準備することが必要です。社内に適したスペースがない場合には，ホテルの会見場などを手配するのが無難でしょう。機材や音響設備などが整っていることが通常であることに加え，ホテル側に会見に対するノウハウがある場合もあるからです。

　記者会見に適する場所は，広さ以外にも，記者席を通過せずに移動できる企業関係者の出入口があるかという点も重要です。退席時に記者席を通らなければいけないとなると，いわゆる囲み取材，ぶら下がり取材を延々と受けることになりかねず，会見が事実上いつまでも終わらないことになるためです。

　なお，会場設営をする際，記者用に椅子だけでなく机も用意することや，会場後方にはテレビクルー用の電源を準備するなどの配慮も必要です。

(5)　リハーサル

　どのような場合でも，いきなり本番を行うというのは難しいものであり，リハーサルを行うことはスムーズな進行を行う上で必要です。厳しい質問が多数寄せられる事態は，通常あまりなく，そうした質問に舞い上がらずに，あるいは萎縮せずに回答することは非常に難しいのが現実です。

リハーサルを行うことで，進行における不備が見つかることもありますし，なにより出席者が落ち着いて対応する心の準備ができます。

(6) 会見における態度等

記者会見は一定の謝罪を伴うものである以上，真摯な態度であるかどうかが問題とされ，一挙手一投足に注目が集まっています。たとえば，緊張すると笑ってしまう人や，舌打ちが癖になっている人もいますが，このような態度は反省がないものと受け取られたり，他者に不快感を与えたりするため，他人から指摘してもらうなどして意識して補正することが必要です。

また，ペーパーを棒読みすれば，当事者意識が足りないといわれる結果となるため，被害者などに直接語りかけるような意識で話すことも必要です。

さらに，「逃げの姿勢」と受け取られる態度も非難の対象となるため，責任転嫁をするような発言は絶対に避けるべきであり，また，出席者が事実関係を把握していないとか，重要な事実を認識していないといった事態が生じないようにする必要があります。

なお，会見時の服装については，スーツを着用し，男性であればネクタイをするということで問題ありませんが，派手なもの，不潔なものは避けるべきです。

POINT

記者会見
・記者会見が必要かどうかは世論の温度感で決める必要がある
・想定問答集の準備のほか，リハーサルなど十分な準備が必要
・発表者は原則として会社の代表取締役など最終的な責任を負うことができる者が行う
・会見への弁護士の同席は避ける
・企業関係者の出入口を確保できる会場を選定する

COLUMN2

炎上マーケティング（炎上商法）

　炎上マーケティング（炎上商法）とは，ネット炎上を意図的に発生させ，炎上による注目を利用して企業自体や，商品・サービスを世間に認知させ，宣伝費をかけずに宣伝を行うことを指した言葉です。

　炎上はネガティブな内容で構成されていることが多く，企業自体のイメージが悪くなること，商品やサービスについても否定的なイメージから捉えられることになることから，炎上マーケティングが成功する事例は少ないのではないかと思われます。そもそも，外部から意図的な炎上かどうかを判断することは非常に難しく，何が炎上マーケティングによるものかということは判断が困難です。

　ただ，この点に関して，株式会社スタートトゥデイが運営するショッピングサイト「ZOZOTOWN」に関して，炎上マーケティングではないかといわれているものがあります。

　平成24年10月19日，あるツイッターユーザーが独り言として，「1050円なくせに送料手数料入れたら1750円とかまじ詐欺やろ？　ゾゾタウン。」という投稿をしました。ZOZOTOWNの社長は，翌日このツイートについて，「詐欺？？ただで商品が届くと思うんじゃねぇよ。お前ん家まで汗水たらしてヤマトの宅配会社の人がわざわざ運んでくれてんだよ。お前みたいな感謝のない奴は二度と注文しなくていいわ」と回答を行いました。

　この対応について，客に対する暴言であることへの批判や，送料が高いという批判なら安くする方法を考えるべきといった批判が多数寄せられ，炎上しました。その結果，翌21日，ツイッター上で謝罪を発表しました。しかしさらにこの10日後，ZOZOTOWNは送料無料化を行いました。

　そのため，この炎上は送料無料化を事前に決めていて，これを強く印象づけるために行われたものではないか，つまり炎上マーケティングによるものでないかといわれています。

第3章
炎上の後処理

01
信頼回復のための対応が必要

　炎上が発生すると，その炎上の契機となった掲示板，まとめサイト，ニュースサイト等が乱立するため，後からでも炎上の内容等が分かる情報が多数検索されることになります。

　インターネット上の情報は自動的に削除されることは通常なく，削除しない限り基本的に残り続けることになります。検索結果は，使用する検索エンジンや検索ワードによって変わってはきますが，何もせずに放置していれば炎上に関する情報に容易に行き着いてしまう状況は，なかなか変わらないことも多いです。通常，炎上はネガティブなイメージを持つものであるため，これをそのまま放置しておくことは，企業イメージが低下した状態をなかなか回復できないことになります。

　企業を調べようとする場合，検索エンジンで対象企業の社名を打ち込んで調べるのが，今や一般的な調査方法です。このような調査方法だと，当該企業のホームページが検索結果の一番上に来ていることが通常で，それだけであれば何の問題もありません。しかし，炎上が発生すれば，多種多様なサイトが立ち上がり，検索結果に炎上に関するネガティブなサイトも表示されるおそれがあります。

　また，直接的に検索結果に表示がされていなくても，検索エンジンのサジェスト（オートコンプリート）機能（検索キーワードを全て入力しなくても，入力しているキーワードと似ている予測キーワードを表示する機能）や，関連検索キーワード（Yahoo!検索での虫眼鏡）により，炎上に関するネガティブなサイトに誘導されることも少なくありません。

したがって，目に触れる可能性を低くなるように対策しなければ，企業にとってネガティブな状況は続いてしまいます。そこで，いわゆるSEOやネガティブサイトの削除を検討することになります。

また，炎上により，企業には現実的な損害が発生することも少なくありません。そのような損害について，炎上を発生させた者に責任追及することも検討が必要です。

02
検索結果の浄化

1　SEO

SEOとは，Search Engine Optimizationのことであり，検索エンジン最適化と訳されます。ウェブサイトが検索結果でより多く露出されるために行う最適化施策のことを指しますが，一般的には自社サイトを検索結果で上位表示するようにすることを指す言葉と思っていただければよいです。

たとえば，「甲社」と検索したときに，検索結果の一番上に乙社が作ったサイトが表示され，二番目に甲社のホームページが表示されている状態のとき，甲社のサイトが一番上に表示されるように施策を行うことが，SEOです。

検索結果を思い通りにすることはできませんが，ウェブサイトの価値を上げることで上位表示をさせることは一定程度可能です。そのためには，有益なコンテンツを配信し，多くの外部サイトで紹介される（＝リンクをサイトに集める）よう努力することで，閲覧者にとって価値の高い情報提供ができるサイトを運営することが必要です。

炎上が発生した場合，ネガティブなサイトが多数表示される状態に

なってしまっています。そのため，これを見えにくくするためには，ポジティブなサイトを上位表示させるように努力することが必要です。ただし，この際に間違った方法で努力をすることは避けなければいけません。

　炎上によりネガティブなサイトが多数表示されていると，いわゆる「逆 SEO」を行う業者が営業をかけてくることも少なくないと思います。「逆 SEO」というのは，好意的なことが書いてあるサイトやネガティブなことが書かれていないサイトを検索結果の上位に表示されるようにすることで，相対的にネガティブなサイトを下位の表示にするようにする施策のことを指す言葉です。

　拙い技術しかない逆 SEO 業者だと，不祥事や炎上に関するキーワードが入っているものの内容がないサイトを多数作成し，それで検索結果を埋め尽くすような施策をとります。しかし，そのような不自然な検索結果や，不自然な記事内容から，見る人が見れば逆 SEO をしているということは一見して分かります。そして，多くの炎上を楽しみにしているネットユーザーもそれを見分けることが可能です。そのため，強引な逆 SEO を行うと，火消しに躍起になっているということで，それ自体を揶揄の対象にされてしまうという問題があります。

　また，逆 SEO で内容がないサイトを多数作り，一時は検索結果にそれらのサイトで埋め尽くすことができたとしても，検索アルゴリズムの変更により，そのサイトが一切表示されなくなるという事態もあり得ます。せっかく時間とお金をかけていても，それが無意味になってしまうおそれがあるのです。したがって，SEO は自社からの地道な情報発信を通じて行うべきといえます。

2　ネガティブサイトの削除

　検索結果を浄化するためには，ネガティブサイトを削除していくという方法もあります。ネガティブサイト自体を削除してしまえば，当然そのサイトは遠からず検索結果に表示されなくなりますし，そもそもなくなってしまえば目に触れること自体がなくなるためです。

ただし，炎上した直後に削除を求めたとしても，炎上理由がデマに基づくものであるといった事情がなければ，削除が拒否されるばかりか，証拠隠滅を図っている，反省していないなどとして，削除依頼自体を晒され，非難を受けるおそれも多分にあります。また，いくら自社にとってネガティブなサイトであろうとも，実際に問題があったのであれば，それを批評することは原則として自由にされるべきものであるため，削除を求めることが正当とはいえない場合も少なくないと思われます。実際に，平成28年8月に発生した株式会社スプリックスが提供する中高生限定SNS「ゴルスタ」をめぐる炎上について，同社から同年10月に，炎上をまとめたサイト宛に削除依頼メールが送信されたようで，そのことが削除依頼メールを晒されつつ記事にされ，これにより再び炎上が発生しています。そのため，削除を求めていくかどうかは，炎上の理由がどのような点にあり，書かれたことが真実に反しているかどうかと，さらには，サイト運営者がどのような人物なのかという点を見極めた上で，慎重に行うことが必要でしょう。

3　メール・オンラインフォームによる削除依頼

　削除をするための方法はどのようなものがあるでしょうか。

　一番簡単な方法は，メールやオンラインフォームで削除を依頼することです。まとめサイトでは，サイトの連絡先（多くはメールアドレス）が表示されている例がそれなりにあります。また，そのような連絡先が表示されていないサイトの場合には，プロバイダ責任制限法（特定電気通信役務提供者の損害賠償責任の制限及び発信者情報の開示に関する法律）のガイドラインに定められている「送信防止措置依頼」を行うことが考えられます。

　メールやオンラインフォームが設置されているサイトであれば，次のような事項の記載をして削除を求めていくべきです。

　　・社名・担当者名
　　・連絡先（メールアドレス）
　　・削除したい対象（URL）

- **なぜ削除して欲しいのかという説明**

　まず，どこの誰からの依頼かということは，基本的事項として明らかにするべきであるため，社名・担当者名とメールアドレスを伝えるということはするべきでしょう。次に，削除したい対象が分からなければ，削除の依頼を受けた側も削除のしようがないため，対象となるサイトの URL を明確に指定しましょう。その際，サイトのトップページの URL や複数の記事が一覧できるページを書くのではなく，必ず問題と考えるサイトの個々の記事の URL を指定してください。その上で，そのサイトを削除して欲しい理由を説明します。削除して欲しい理由は企業にとってネガティブだからという理由では不足であることが多く，できれば，事実と異なるところがある，権利を侵害しているところがある，といった点を具体的に指摘する方がよいです。

　なお，ここで注意しなければならないことは，サイト管理者は炎上があったという事実をまとめているだけであったり，書込みをすることができる「場」を与えているだけであり，炎上させた者とは言い切れないという点です。もちろん，書込みをしなければ炎上も拡大しなかったといえることもあると思いますが，そもそも炎上するような行動をとってしまったことが原因ともいえるのであり，この点を責めてもあまり意味がありません。

　したがって，「削除しなければ法的措置をとる」，「損害賠償を請求する」，「刑事告訴をする」などといった非常に強い表現で削除を求める例も見られますが，このような高圧的な態度はサイト管理者を不快にさせるだけであり，逆効果になりかねません。そのため，あくまで自社が炎上を発生させたのだという当事者意識をもって，丁寧な"お願い"をすることを心がけるべきでしょう。

4　送信防止措置依頼

　メールやオンラインフォームが設置されていないサイトや，連絡をしても音沙汰がないサイトについては，送信防止措置依頼書を送ることを検討しましょう。送信防止措置依頼というのは，簡単にいえば削

除依頼のことです。インターネットでは，情報が公衆に送信され，受信されている状態であるため，その送信を阻止（防止）することで情報を送受信できなくなる結果，表示がされなくなることからこのように呼ばれています。

　送信防止措置依頼の書式は，テレコムサービス協会という，情報通信に関わるインターネットサービスプロバイダ（ISP），ケーブルテレビ会社，回線事業者，コンテンツプロバイダ，ホスティングプロバイダ等の幅広い事業者を会員としている一般社団法人が公開しています。併せて，プロバイダ責任制限法のガイドラインを策定しており，ここで送信防止措置依頼の手続きについて説明がされています。

　送信防止措置依頼の書式は次の**図表 3 - 1** のようなものです。

(1)　記載方法
①特定電気通信役務提供者の名称
　削除を依頼する相手の名前を記載します。具体的には，サイトを運営している会社や，データを保管しているサーバ会社（ホスティングプロバイダ）を記載することになります。たとえばまとめサイトは，経験的にはlivedoorブログが使われていることが比較的多いのですが，livedoorブログの運営会社はLINE株式会社なので，同社がサイト運営会社となります。

　また，近時は独自のドメインを取得し，レンタルサーバを借りてサイト運営をしているところもしばしば目にするようになっており，そのようなサイトだとサイト運営会社が誰かが一見して分からないことも多いです。このような場合は，ホスティングプロバイダを調べて，そのホスティングプロバイダに送信防止措置を依頼することになります。

　ホスティングプロバイダの調べ方ですが，アグスネット株式会社が提供している「aguse」（http://www.aguse.jp/）を利用するのが便利です。たとえば，大手まとめサイトの「ハムスター速報」（http://hamusoku.com）を「aguse」で調べてみると，次の**図表 3 - 2** のように表示されます。

図表 3-1　侵害情報の通知書 兼 送信防止措置依頼書

```
書式①　侵害情報の通知書（名誉毀損・プライバシー）

                                              年   月   日
至　［特定電気通信役務提供者の名称］御中

                    ［権利を侵害されたと主張する者］
                       住所
                       氏名　（記名）              印
                       連絡先（電話番号）
                           （e-mail アドレス）

              侵害情報の通知書　兼　送信防止措置依頼書
  あなたが管理する特定電気通信設備に掲載されている下記の情報の流通により私の権
利が侵害されたので、あなたに対し当該情報の送信を防止する措置を講じるよう依頼し
ます。
                        記
```

掲載されている場所	URL：
掲載されている情報	
侵害情報等 / 侵害されたとする権利	
侵害情報等 / 権利が侵害されたとする理由（被害の状況など）	

上記太枠内に記載された内容は、事実に相違なく、あなたから発信者にそのまま通知されることになることに同意いたします。

	発信者へ氏名を開示して差し支えない場合は、左欄に〇を記入してください。〇印のない場合、氏名開示には同意していないものとします。

引用元：http://www.isplaw.jp/p_form.pdf

図表3-2 「aguse」の画面例

引用元:http://www.aguse.jp/

　左側がドメインに関する情報で、ドメイン登録者などの情報が表示され、右側にはホスティングプロバイダの情報が表示されます。ここでは、LINE株式会社がホスティングプロバイダであることが分かります。

②権利を侵害されたと主張する者

　自社の住所、氏名等を書きます。企業であれば、氏名のところには会社名を書けばよく、連絡先としては実際の対応をしている担当者名を書くとともに、電話番号、メールアドレスなど実際に連絡が取れる連絡先を記載するとよいでしょう。なお、社名の横には、原則として実印を押印する必要があります。

③掲載されている場所

　削除したい対象のURLを記載します。ここでの記載も，上記と同様，サイトのトップページのURLや複数の記事が一覧できるページを書くのではなく，必ず問題と考えるサイトの個々の記事のURLを指定してください。

　「掲載されている情報」には，対象のURLがどのような内容なのかを要約して，端的に書けばよいです。「侵害されたとする権利」には，名誉権や営業権などを記載することになりますが，次の「権利が侵害されたとする理由（被害の状況など）」に記載する内容と密接にかかわるので，二つの内容の整合性を図ることが必要です。

④権利が侵害されたとする理由

　サイトの内容が自社の権利を侵害していることを説明することになりますが，この点が一番重要です。炎上がそもそもデマに基づくものであれば，全くのデマだったので削除してほしいということくらいでよいでしょうが，そうでない場合は，なぜ権利が侵害されているのかの説明が説得的でないと対応してもらえない可能性が高くなってしまいます。事実関係に間違いがあるとか，時間がかなり経過しているというのは，考慮されやすい要素と思われるので，覚えておくとよいかもしれません。

(2)　書類送付の方法

　送信防止措置依頼書の作成が終われば，次はこれを相手に届けることが必要になります。通常は郵送で送りますが，この依頼書だけを送ればよいというわけではありません。

　送信防止措置依頼書には実印を押す必要があると説明しましたが，それが実印かどうかは受け取った側には分からないため，印鑑証明書（発行から3か月以内のもの）を添付することも必要になります。また，削除したい対象をプリントアウトしたもの（どのURLのものかが明記されているもの）を同封します。

　サイトの管理会社やホスティングプロバイダがこれら書類を受け取

ると，書込みをした人物（発信者）に対して，その書込みの削除の可否を尋ねる照会を送ることになっています。この照会の期間は，通常は7日間とされ，7日以内に反論がなければサイト管理会社やホスティングプロバイダは書込みを削除してもよいということになっています。

図表3-3　送信防止措置依頼の流れ

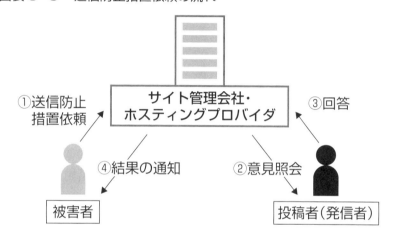

なお，依頼を受けたサイト運営会社やホスティングプロバイダには，この照会をする義務があるわけではないため，投稿者（発信者）と連絡が取れない場合などは照会手続を行う必要はないとされています。ログインを要求されるサービスの場合，そのサービスを利用し始める際にメールアドレスなどの登録が必要になるため，また，ホスティングプロバイダは有料でサービス提供をしている以上，何らかの連絡方法を保有しているのが通常であるため，照会手続を行うことができることになります。

他方，匿名掲示板などではログインや認証が必要ではなく，誰でも書き込める場合が多いため，照会しようにも発信者と連絡を取ることができない場合が普通です。この場合には，削除されることも多いのではないかと思います。

> **POINT 検索結果の浄化**
> ・炎上は検索結果などにネガティブな状況を残し続ける
> ・拙速な逆 SEO や削除依頼は再び炎上ネタとされてしまうおそれがある
> ・削除依頼をする場合は,「丁寧なお願い」をすることを心がける

03 責任追及

1　まずは相手の特定を

　炎上が発生すると,正当な意見や批評とはいえないような誹謗中傷が書き込まれることは少なくなく,特に,デマを拡散されたような場合,そのデマに対する問い合わせ対応,否定リリースの発表,場合によっては記者会見など様々な対応が必要になります。そのため,デマが広められるとそれだけで通常業務が妨げられ,デマの内容によっては企業の評価を著しく毀損することになります。

　また,炎上が従業員等の不祥事である場合,その不祥事を起こしたのが誰かを明らかにしようという特定作業が活発になされます。その途中で,実際の当事者以外の者が"犯人"として"特定"されてしまうということもあります。

　このような,当事者の権利が侵害されているといえるような場合,侵害した者に対して責任追及をしたいと考えることは,往々にしてあると思います。しかし,インターネットへの投稿はもっぱら匿名でされており,誰が書込みをしているのかは一見して分からないのが通常です。

　そのため,責任を追及するためには相手が誰かを特定することがま

ず必要になります。そのためには，プロバイダ責任制限法に定める発信者情報開示請求という手続きを利用することになります。

2　発信者情報開示請求

(1)　要件

　発信者情報開示請求は，プロバイダ責任制限法4条1項に定められています。この法律に基づいて開示請求をするためには，以下の4つの要件を満たすことが必要です。

①**不特定の者によって受信されることを目的とする電気通信（特定電気通信）であること**
②**権利の侵害が明らかであること（権利侵害の明白性）**
③**開示を受ける正当理由があること**
④**通信記録（ログ）が残っていること**

①特定電気通信とは

　プロバイダ責任制限法は，ごく簡単にいえば，インターネットが用いられて権利侵害がされた場合に開示請求ができるよう定めている法律ですが，対象となるのは，不特定の者によって受信されることを目的とする電気通信です。不特定の者によって受信されることを目的とする電気通信とは，簡単にいえば，誰でも閲覧することができるという意味であり，インターネット上で誰でもアクセスすることができるものであることが必要ということです。

　しばしば，メールやお問い合わせフォーム，SNSのメッセージ機能などで寄せられた誹謗中傷メッセージがあった場合に，その発信者を特定したいという相談が寄せられることもあります。しかし，これらはインターネットを介しているものの，基本的には一対一のコミュニケーションツールに過ぎず，誰でも閲覧することができるわけではありません。そのため，これらについては法の適用外となり，相談を受けても開示請求をすることができません。

②権利侵害の明白性とは

　プロバイダ責任制限法4条1項では，開示請求をすることができるのは「権利が侵害されたことが明らかであるとき」で，かつ「開示を受けるべき正当な理由があるとき」である必要があるとされています。

　「権利が侵害されたことが明らか」というのは，不法行為の成立が認められるという状況に加えて，違法性阻却事由がないといえることを含むとされています。違法性阻却事由という言葉は聞き慣れないと思いますが，権利侵害が一応あるといえる場合であっても，違法性が「ない」といえる事情があるのであれば，不法行為とはいえないとする事由のことを指します。

　そもそも何が不法行為に当たるのかという点からして，その判断は難しいところではありますが，企業の場合には名誉権侵害や営業権侵害・信用毀損などが考えられるところです。名誉権侵害というのは，簡単にいうと社会的評価の低下があることを指すものです。営業権侵害や信用毀損なども実質的にはほとんど同様の内容であり，法人の場合に実質的に名誉権侵害を表現するものとして用いられているものと考えていただいてよいでしょう。ただし，ここで重要なのは，主観的に不快に思うこと（名誉感情侵害）とは別であるということです。企業（法人）は，その役員などが不快に思うことはあるとしても，法人自体には感情があるものではないため，「不快に思う」ということ自体があり得ません。そのため，企業が名誉感情侵害を主張することはできないとされています。

　炎上の経過で書き込まれた内容が，社会的評価を低下させるものであれば，とりあえず不法行為といえる余地があることになります。

　そこで問題は，違法性阻却事由があるかどうかという点になってきますが，名誉権侵害に関する違法性阻却事由は，①公共の利害に関する事実にかかわること，②もっぱら公益を図る目的であること，③摘示された事実が真実であることです。発信者情報開示請求をする側に立てば，違法性阻却事由が「ない」ことが必要なので，これらの要件の「いずれかが」ないことを主張立証していくことになります。ただ

し，重要なのは書き込まれた内容が真実かどうかという点になってきます。

公共の利害というのは，書込みの内容にかかわらず，公共に関することといえるのであれば認められる傾向があります。炎上しているということは，何か常識から外れた行動があったということであり，その場合，公共の利害に関係があるといえます。また，公益を図る目的については，目的というのは書込みをした者の内心の問題であり，外部から客観的に分かるものではありません。そのため，書込みの内容から内心を推察するしかありませんが，たとえばデマをデマと分かって拡散しているようなケースでない限り，公益目的がないとはいえないことが多いためです。

③正当理由とは

次に，「開示を受けるべき正当な理由があるとき」ですが，たとえば，損害賠償請求権の行使のため，謝罪広告等の名誉回復措置の要請のため，差止（削除）請求権の行使のためといったことが当てはまります。この点はおそらくあまり問題にはならないだろうと思いますが，たとえば嫌がらせや報復目的（なお，たとえばデマに対して損害賠償を請求したいといったものは報復ではありません）に基づく開示請求は正当な理由には当たらないため，報復目的であると疑われるような言動や行動は避けることが必要でしょう。

④通信記録（ログ）の保存期間

上記の要件を満たしていたとしても，そもそも通信記録が残っていないのであれば，開示請求をしても開示するべき対象がないということで，開示請求が否定されてしまいます。そのため，通信記録が残っているかどうかという点が，開示請求をする上で重要なポイントになります。

通信記録が残っている期間は，法律などによって定められているわけではなく，各業者が独自に定めています。場合によって，通信記録

を保存しないというサイトもないわけではありません。ただ，3か月程度の期間としていることが多いようであり，3か月というのが一つの目安になると思います。

ただし，ここで重要な点が二つあります。一つは，次で詳しく述べますが，開示請求をするためには，少なくとも2回の開示請求が必要になるという点，もう一つは開示請求自体にも一定の時間がかかるという点です。つまりどういうことかというと，3か月程度はログが保存されていると思ってよいのですが，3か月がもうすぐ経過しそうというタイミングで開示請求をしても，結果的に時間切れになってしまう可能性が高くなってくるということです。

実務的な対応を考えると，実際に開示請求をするためには，書き込まれてから1か月以内くらいに動き始めないと間に合わないことが増えてくるのではないかという印象です。

(2) 手続きの概要

発信者情報開示請求を行うためには，少なくとも原則として2回の開示請求をする必要があります。具体的にどのようなことかを説明するためには，インターネットの仕組みの概要を知る必要があります。

スマートフォンなどはとくにですが，常にインターネットに接続しているので日常的にはほとんど意識しませんが，インターネットに接続するためには原則としてプロバイダ契約をすることが必要です（無料のWi-Fiスポットなども多くなってきているため，プロバイダ契約が必ずしも必要ではないこともあります）。

ここでプロバイダとは，OCN，Softbank，NTT DOCOMO，KDDIなどのようなインターネット接続を媒介するサービスを提供している事業者のことです。インターネット接続を媒介しているため，インターネットサービスプロバイダ（ISP）と呼ばれます。基本的には，このようなISPと契約することで，インターネットに接続できるようになります。

そして，インターネットに接続すると，インターネット上に存在す

る様々なコンテンツを閲覧することができるようになります。コンテンツは数限りなくありますが、たとえばブログ、SNS、掲示板、動画共有サイト等があり、これらのサービスを提供している事業者を、コンテンツを提供しているため、コンテンツプロバイダと呼びます。ここで少々注意をしなければならないのは、コンテンツプロバイダに接続するのではなく、実際には、コンテンツプロバイダが使用している、データが保存されたサーバに接続するということです。コンテンツプロバイダが自前でサーバを用意している場合もありますが、レンタルサーバを利用してサービスを提供している場合もあります。

したがって、インターネット上のコンテンツを閲覧をするということは、普段何気なく行われていますが、①ISPに接続して、そこを媒介し、②コンテンツプロバイダが利用するサーバに接続する、という手順を踏んでいることになります。

この流れを図示すると、**図表3-4**のような形になります。

図表3-4　インターネット上のコンテンツへのアクセスの流れ

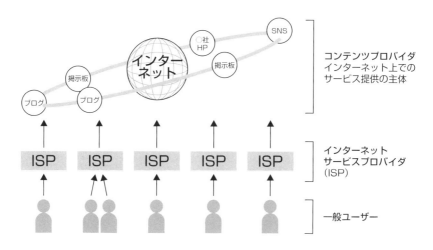

ISPは、契約者が利用料を払っているため、契約者の氏名や住所を把握しています。そのため、契約者の情報を持っているISPに契約

者情報を開示してもらえば，書込みをした者が判明することになります。しかし，インターネット上の書込みは匿名でされるのが通常で，各書込みを見ても誰が書いたのかは分かりませんし，誰がどのインターネットサービスプロバイダと契約をしているのかも基本的に分かりません。この点は，コンテンツプロバイダも同様で，接続の記録を見ても名前が表示されているわけでもないため，誰が書込みをしているかは分かりません。コンテンツプロバイダが保有している情報は，IPアドレスやタイムスタンプといったサーバへの接続記録などに限られます。

したがって，特定していくためには，接続している手順を逆から辿る必要があります。つまり，①コンテンツプロバイダが利用するサーバへの接続情報（IPアドレス，タイムスタンプ等）を開示してもらい，②その情報をもとに，ISPに対して，その時間にそのIPアドレスを使用したのは誰かを開示してもらうという手順になります（**図表3-5**）。

図表3-5　発信者特定までの流れ

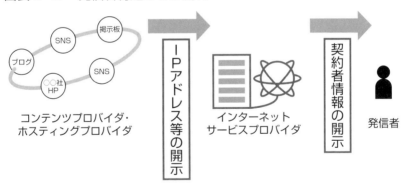

ところで，IPアドレスは現在広く用いられているIPv4の場合，「182.250.251.1」などの数字の羅列です。しばしば「IPアドレスはインターネット上の住所」といった説明がされ，IPアドレスが個人に一つ割り振られているかのような誤解があります。しかし，これは基

本的には誤りといえます。IPアドレスの数は有限のため，各個人にIPアドレスを割り振ってしまうと，数が足りなくなります。そのため，接続のたびに（または，ルーターの電源が入れられるたびなどに）IPアドレスを割り振る措置が取られています（これを「動的IPアドレス」といいます）。

そのため，IPアドレスから分かるのは，そのIPアドレスがどのISPのものかということだけです。概念的に説明すると，A社には1〜100番まで，B社には101〜200番まで，C社には201〜300番までといった形で割り当てられており，番号を調べればどの会社のものか分かるという仕組みになっています。

IPアドレスからどのISPが利用されているかを調べるには，「Whois」というサービスを用います。Whoisは，IPアドレスやドメイン名の登録者などに関する情報を誰でも参照できるサービスであり，著者がよく使用するのは次のものです。

・合資会社アスカネットワークサービス「ANSI Whois Gateway」
http://whois.ansi.co.jp/
・一般社団法人日本ネットワークインフォメーションセンター「JPNIC」
https://www.nic.ad.jp/ja/whois/ja-gateway.html

このサイトの検索窓にIPアドレスを入力して，「検索（規定に同意）」ボタンを押すことで，ISPが分かります。先のIPアドレス「182.250.251.1」を調べると，以下の情報が検索され，KDDI株式会社が保有するIPアドレスであること，つまりKDDI株式会社がISPであることが分かります（**図表3 - 6**）。

次に，どうやって個人を特定するのかというと，IPアドレスだけから個人が特定できるわけではないので，ISPはIPアドレスを個人に割り振った時間を記録しているため，IPアドレスを割り振った時間とを対照することで，契約者を特定することになります。

そのため，請求する側は，IPアドレスだけではなく，接続が行わ

図表3-6　「Whois」の利用でわかるISP情報

```
[ JPNIC database provides information regarding IP address and ASN. Its use  ]
[ is restricted to network administration purposes. For further information, ]
[ use 'whois -h whois.nic.ad.jp help'. To only display English output,        ]
[ add '/e' at the end of command, e.g. 'whois -h whois.nic.ad.jp xxx/e'.     ]

Network Information: [ネットワーク情報]
a. [IPネットワークアドレス]      182.250.251.0/24
b. [ネットワーク名]              KDDI-NET
f. [組織名]                      KDDI株式会社
g. [Organization]                KDDI CORPORATION
m. [管理者連絡窓口]              JP00000127
n. [技術連絡担当者]              JP00000181
p. [ネームサーバ]                dns0.dion.ne.jp
p. [ネームサーバ]                dns2.dion.ne.jp
p. [ネームサーバ]                dns10.dion.ne.jp
p. [ネームサーバ]                ns1.neweb.ne.jp
[割当年月日]                     2011/03/15
[返却年月日]
[最終更新]                       2011/03/15 11:14:03(JST)

上位情報
----------
KDDI株式会社 (KDDI CORPORATION)
               [割り振り]                                    182.248.0.0/14

下位情報
----------
該当するデータがありません。
```

URL：http://whois.nic.ad.jp/cgi-bin/whois_gw?key=182.250.251.1

れた時間（タイムスタンプ）を明らかにしてISPに開示請求することが必要になります。

(3) 書式と書き方

　すでに説明したように，書込みをした者を特定するためには，コンテンツプロバイダないしホスティングプロバイダに対するIPアドレス等の情報開示を求める発信者情報開示請求，次にISPに対する契約者情報の開示を求める発信者情報開示請求と，少なくとも2回の手続きが必要になります。開示請求の手続きについては，テレコムサービス協会が次の**図表3-7**のような書式を作成しています。

　記載の方法は，ほとんど送信防止措置依頼書と同様ですが，コンテンツプロバイダ・ホスティングプロバイダに対する請求なのか，またはISPに対する請求なのかで，記載方法が少々変わります。

図表3-7　発信者情報開示請求書

書式①　発信者情報開示請求標準書式

年　月　日

至　［特定電気通信役務提供者の名称］御中

［権利を侵害されたと主張する者］（注1）
　　　　　　　住所
　　　　　　　氏名　　　　　　　　　　　　印
　　　　　　　連絡先

発信者情報開示請求書

　［貴社・貴殿］が管理する特定電気通信設備に掲載された下記の情報の流通により、私の権利が侵害されたので、特定電気通信役務提供者の損害賠償責任の制限及び発信者情報の開示に関する法律（プロバイダ責任制限法。以下「法」といいます。）第4条第1項に基づき、［貴社・貴殿］が保有する、下記記載の、侵害情報の発信者の特定に資する情報（以下、「発信者情報」といいます。）を開示下さるよう、請求します。
　なお、万一、本請求書の記載事項（添付・追加資料を含む。）に虚偽の事実が含まれており、その結果［貴社・貴殿］が発信者情報を開示された契約者等から苦情又は損害賠償請求等を受けた場合には、私が責任をもって対処いたします。

記

［貴社・貴殿］が管理する特定電気通信設備等	（注2）
掲載された情報	
侵害情報等	侵害された権利	
	権利が明らかに侵害されたとする理由（注3）	
	発信者情報の開示を受けるべき正当理由　（複数選択可）（注4）	1．損害賠償請求権の行使のために必要であるため 2．謝罪広告等の名誉回復措置の要請のために必要であるため 3．差止請求権の行使のために必要であるため 4．発信者に対する削除要求のために必要であるため 5．その他（具体的にご記入ください）

	信者情報 （複数選択可）	2．発信者の住所 3．発信者の電子メールアドレス 4．発信者が侵害情報を流通させた際の、当該発信者のIPアドレス及び当該IPアドレスと組み合わされたポート番号（注5） 5．侵害情報に係る携帯電話端末等からのインターネット接続サービス利用者識別符号（注5） 6．侵害情報に係るＳＩＭカード識別番号のうち、携帯電話端末等からのインターネット接続サービスにより送信されたもの（注5） 7．4ないし6から侵害情報が送信された年月日及び時刻
	証拠（注6）	添付別紙参照
	発信者に示したくない私の情報（複数選択可）（注7）	1．氏名（個人の場合に限る） 2．「権利が明らかに侵害されたとする理由」欄記載事項 3．添付した証拠

（注１）原則として、個人の場合は運転免許証、パスポート等本人を確認できる公的書類の写しを、法人の場合は資格証明書を添付してください。

（注２）URLを明示してください。ただし、経由プロバイダ等に対する請求においては、IPアドレス及び当該IPアドレスと組み合わされたポート番号等、発信者の特定に資する情報を明示してください。

（注３）著作権、商標権等の知的財産権が侵害されたと主張される方は、当該権利の正当な権利者であることを証明する資料を添付してください。

（注４）法第４条第３項により、発信者情報の開示を受けた者が、当該発信者情報をみだりに用いて、不当に当該発信者の名誉又は生活の平穏を害する行為は禁じられています。

（注５）携帯電話端末等からのインターネット接続サービスにより送信されたものについては、特定できない場合がありますので、あらかじめご承知おきください。

（注６）証拠については、プロバイダ等において使用するもの及び発信者への意見照会用の２部を添付してください。証拠の中で発信者に示したくない証拠がある場合（注７参照）には、発信者に対して示してもよい証拠一式を意見照会用として添付してください。

（注７）請求者の氏名（法人の場合はその名称）、「管理する特定電気通信設備」、「掲載された情報」、「侵害された権利」、「権利が明らかに侵害されたとする理由」、「開示を受けるべき正当理由」、「開示を請求する発信者情報」の各欄記載事項及び添付した証拠については、発信者に示した上で意見照会を行うことを原則としますが、請求者が個人の場合の氏名、「権利侵害が明らかに侵害されたとする理由」及び証拠について、発信者に示してほしくないものがある場合にはこれを示さずに意見照会を行いますので、その旨明示してください。なお、連絡先については原則として発信者に示すことはありません。ただし、請求者の氏名に関しては、発信者に示さなくとも発信者により推知されることがあります。

引用元：http://www.isplaw.jp/d_form.pdf

①コンテンツプロバイダ・ホスティングプロバイダに対する記載方法

前記の書式中「開示を請求する発信者情報」については、4以下の項目を選択することになります。コンテンツプロバイダ・ホスティングプロバイダは、発信者（書込みをしていた者）の住所や氏名などを知らないのが通常で、1から3までの情報を開示請求しても意味がありません。

② ISP に対する記載方法

他方、ISP に対して開示請求をする場合は、ISP は契約者の氏名住所等を知っているのが通常なので、1～3を選択することになります。

また、ISP に対して開示請求をする場合、「［貴社・貴殿］が管理する特定電気通信設備等」について、URL を記載するだけでは不十分です。ISP はあくまで通信を媒介したに過ぎないので、URL を管理しているわけではなく、仮にこれを記載しても意味がないということになります。ISP が管理している設備は、あくまでインターネット通信を媒介する設備であり、その設備とは IP アドレスになります。したがって、この点には IP アドレスを記載することになります。

ただし、IP アドレスだけを記載しても、前述のように IP アドレスの数は有限でそれだけでは原則として個人を特定するものではないため、個人を特定し得るよう、IP アドレスが割り振られた時間（＝タイムスタンプ）を記載するべきということになります。そのため、ISP に対する開示請求の場合は、たとえば次の**図表3-8**のように記載することになります。

図表3-8　タイムスタンプの記載例

［貴社・貴殿］が管理する特定電気通信設備	IP アドレス：182.250.251.1 タイムスタンプ：2017/01/17 10:22:52

(4)　書類の送付

書類を作成したら、これを郵送します。その際、本当に本人からの依頼なのかを受け取った側が判断するために、発信者情報開示請求書

には実印を押し，印鑑証明書（発行から３か月以内のもの）を添付します。また，ネット上に問題の書込みが存在していることが分かる資料を送る必要もあるので，証拠として保存したスクリーンショット（ただし，URL の表示があるもの）を同封します。

　さらに，ISP に対する開示請求の場合は，「[貴社・貴殿]が管理する特定電気通信設備」欄に記載した情報の裏付けとして，コンテンツプロバイダないしホスティングプロバイダから開示された書類等を添付することが必要です。

　開示請求を受けている側が書類を受け取ると，書類の不備を確認し，不備や問題があれば開示請求者に訂正や修正を依頼します。不備等がなければ，発信者に対して，開示請求に応じるか否か，応じないのであれば，その理由などについて回答するよう，２週間の期間を定めて意見聴取を行います。

　意見聴取の結果，発信者が開示請求に同意すれば情報の開示をしてくれます。他方，同意がない場合，一般的には開示はされません。しかし，絶対に開示がされないのかというと，意見聴取は手続きとして要求されているだけであり，それに拘束されるものでは必ずしもないため，プロバイダ側が「権利の侵害が明らか」だと判断できるのであれば，開示がされることになります。

　上記説明は裁判手続を利用しない場合のものですが，実際に特定しようとすると実務的には裁判手続が必要になることも少なくありません。特に，ISP に対する開示請求は，裁判で開示を命じられないとなかなか応じてはくれません。

　しかし，コンテンツプロバイダないしホスティングプロバイダに対する開示請求であれば，裁判手続をとらなくても応じてくれることは一定程度あります。そして，コンテンツプロバイダないしホスティングプロバイダから IP アドレス等の情報開示を受けることができれば，ISP に対する開示請求ができることになり，そうすると ISP から投稿者の自宅に意見聴取の書類が送付されることになります。投稿者は通常，そのような書類が届くことを想像していないと思われるので，か

なり驚くはずであり，この意見聴取の手続き自体が一定の牽制になり得ます。

したがって，開示請求が最終的に認められない場合であっても，開示請求をすることには一定の意味があるといえます。

> **POINT 発信者情報開示請求**
> ・投稿者を特定する手続きを，発信者情報開示請求といい，プロバイダ責任制限法4条1項に基づく
> ・投稿者を特定するためには，原則として2回の開示請求を行うことが必要
> ・開示請求は「権利が侵害されたことが明らか」といえることが必要
> ・投稿されてから3か月程度経過してしまった場合は，特定が困難になることが多い
> ・開示請求は裁判を使わなくても可能だが，実際に開示されるためには裁判が必要なことが一般的
> ・開示が認められないとしても，プロバイダが投稿者に対して意見照会を行うため，一定の牽制効果が期待できる

3　損害賠償の請求

(1)　法律構成

炎上を発生させた者やその拡散に寄与した者に対しては損害賠償請求をしたいと考えることは多いだろうと思われます。

損害賠償請求をするための法的構成として，債務不履行という考え方と不法行為という考え方があります。債務不履行というのは，契約関係にある当事者間で，その債務の履行に不十分な点がある場合などの損害賠償請求です。不法行為は，契約関係があってもなくても，ある行為が権利・利益を侵害している場合に，当該行為の責任を追及するものです。

たとえば，従業員に対して損害賠償請求をしたいと考える場合，従業員との間には雇用契約という契約関係があるため，この契約上の義

務に違反していないかという観点から検討することができ，また，同時に不法行為に当たるかも検討することができます。

他方で，会社と全く関係がない者については，契約関係がない以上，不法行為責任の追及ができるかどうかを検討するしかないということになります。

(2) 従業員に対する請求

一般論として，従業員が企業に故意または過失により損害を与えた場合，企業から従業員に対して損害賠償を請求することは可能です。

しかし，企業の業務と関係がある事項に関して，企業に損害が生じたからという理由だけで損害賠償を認めると，従業員が十分な資力を有しているわけではないことが通常であり，また，企業は従業員の活動から利益を得ている以上リスクも負担するべき（この考え方を「報償責任」といいます）ことからすると，全額の請求を認めることは不公平といえます。そこで，多くの裁判例では，従業員が負う責任を限定しています。

まず，債務不履行や不法行為に基づいて責任を負うためには，故意や過失が必要になりますが，従業員との関係でいえば，業務を行う上で通常起こり得るようなミス（過失）であれば，業務の中に織り込まれたものといえるため，単なる過失では不足で，故意または重過失が必要とされます。つまり，故意または重過失に基づく場合でなければ，そもそも損害賠償請求が認められないということになります。

次に，仮に責任が認められ得るものであるとしても，企業が損害賠償請求し得るのは「通常生ずべき損害」（民法416条）に限られます。「通常生ずべき損害」とは相当因果関係のことで，ある行為がもとで発生したものであるといっても，通常はそのような損害までは発生しないであろうといえるものであれば，損害には当たらないということになります。

また，「通常生ずべき損害」に当たるとしても，「損害の公平な分担という見地から信義則上相当と認められる限度」において従業員への

損害賠償が認められるとされています（最判昭和51年7月8日，判時827号52頁，判タ340号157頁）。また，その判断にあたっては，「事業の性格，規模，施設の状況，被用者の業務の内容，労働条件，勤務態度，加害行為の態様，加害行為の予防もしくは損失の分散についての使用者の配慮の程度その他諸般の事情」を考慮するべきとされています。

　業務に関する不適切投稿をした結果，損害賠償の請求がされたという事例は今のところ見当たらないですが，たとえば企業がどのくらい教育や指導をしていたのかといった点は考慮されることになると思われます。他方，業務と無関係に全くのプライベートに行ったものであれば，重過失に限定されるとか，相当な程度への限定といった考慮は不要といえるでしょう。

　実際の事例で考えてみましょう。

　前述の「ブロンコビリー」における炎上事例では，運営会社であるブロンコビリー社は，店舗の休業と当該アルバイト従業員の解雇を発表するとともに，損害賠償請求の検討を発表しています。この事例で最終的に損害賠償請求がされたのかどうか明らかとはなっていませんが，店舗清掃等をした上で業務再開を検討していたものの，最終的に店舗を閉鎖するという判断をしたようです。

　この事例で考えると，投稿内容からして業務時間中のもので，かつ業務用冷蔵庫に入ったものであるため，業務に関係するものであるといえます。そして，インターネット上に写真を投稿する行為は，意図的に行われているものである以上，過失ということは基本的にあり得ず，また投稿内容から意図的なものであることも分かるため，故意がある事例と評価できます。したがって，損害賠償請求が認められ得るといえます。

　次に，最終的に店舗を閉鎖している以上，店舗閉鎖をすることにより生じる損害の賠償が認められるのかという問題が出てきます。損害の費目として考え得るものとしては，将来得ることができたであろう収益のほか，店舗を賃借している場合は即時解約をするための費用，

原状回復費用，什器の処分費用，従業員の解雇，異動等にかかる費用等いろいろなものが考えられますが，これらは「通常生ずべき損害」といえるのでしょうか。人により見解は異なるかもしれませんが，基本的にはこれらの大部分は損害には当たらないと判断されるのではないかと思います。冷蔵庫に入るという行為がされた場合，冷蔵庫の清掃等がされることや，食材の廃棄，再度の仕入れ，また，これらのために必要な休業が発生することは予想されます。したがって，この点についての損害は「通常生ずべき損害」といえる余地がありますが，冷蔵庫に入ったから店舗を閉鎖するということまでは予想しないのが通常と思われます。店舗を閉鎖するというのは，運営会社の政策的な判断であるといえ，相当因果関係があるとまではいえないであろうと考えます。

したがって，店舗閉鎖をすることにより生じる損害の賠償までは認められず，清掃費用，食材等の調達費用，休業による逸失利益等が損害賠償請求できるでしょう。

もっとも，この請求も「信義則上相当と認められる限度」に制限され得るところであり，企業がどこまでこのような行為をしないように教育していたのかという点が考慮されることになります。

かなり高額の損害賠償を請求したいという相談を受けることも少なくないですが，実際に認められる請求はそこまでのものにならないことは留意しておくべきことです。

なお，損害賠償請求の方法ですが，裁判手続によらない方法と裁判手続による方法があります。裁判手続によらない方法としては，口頭での請求のほか，内容証明郵便等の書面で行うことが考えられます。

(3) 従業員以外に対する請求

従業員以外に対して請求をする場合，請求の根拠として不法行為に当たることが必要です。上記のような「信義則上相当と認められる限度」の制限はないため，粛々と請求をしていけばよいでしょう。ただし，「信義則上相当と認められる限度」の制限はないとしても，インター

ネット上への情報発信により損害が生じたという相当因果関係が必要な点は留意が必要です。

　どのくらいの賠償請求ができるかという点については，情報発信がどのようなもので，それによりどのような損害が生じたのかという点と関係してくるため，一概にはいえないところです。

　しばしば「炎上によって1000万円以上の利益が減少しているから，それを賠償させたい」という相談をされます。理論的には，その炎上がなければ得ることができたはずの利益は，逸失利益として請求することができる可能性があります。しかし実際には，その炎上があったから利益が出ていないということを，証拠を持って示すことが困難で，他の要因により利益が出ていない可能性もあるとして，結果として相当因果関係がある損害であるとは通常なかなか認められません。これは，それまでの売上げや利益の動きを証拠で提示し，炎上が発生したときから突然それが下がっていることを示しても同様です。ただし，民事訴訟法248条は「損害が生じたことが認められる場合において，損害の性質上その額を立証することが極めて困難であるときは，裁判所は，口頭弁論の全趣旨及び証拠調べの結果に基づき，相当な損害額を認定することができる。」と定めており，これに基づいて一定の賠償額を認定してくれることはあります。

　ところで，従業員以外に対する請求の場合，そもそも投稿者が誰なのかということが判明していなかったことが多いのではないかと思います。この場合，損害賠償をする前提として，相手を特定するために前記の発信者情報開示請求を経ているのが通常です。相手の特定のために費用がかかっている場合，たとえば弁護士に依頼して発信者情報開示請求をしている場合などは，その費用は調査費用として相手の負担にできる可能性があります。発信者情報開示請求は，権利侵害の明白性を満たすかどうかという専門的な判断や，ログの保存期間内に手続きを終えなければいけないなど，弁護士に依頼することが適切かつ必要な手続きといえます。そして，特定ができなければ被害回復などができない以上，特定に要した費用全額が相当因果関係を有する損害

であるといえるためです。この点について，東京地裁平成23年1月31日判決（判時2154号80頁）が，調査にかかった費用全額を損害として認めており，これ以後，調査費用全額を相手負担とする裁判例は複数出ています。

> **POINT 損害賠償の請求**
> ・損害賠償請求の根拠として，債務不履行と不法行為が考えられる
> ・従業員に対する損害賠償請求も認められるが，賠償額は「信義則上相当と認められる限度」に制限される
> ・損害賠償にあたっては，投稿者を調査するのに要した費用の請求も認められる

4 懲戒処分

(1) 就業規則等の根拠規定の必要性

　従業員が炎上を発生させた場合，その理由により従業員を懲戒することを検討してもよいでしょう。

　そもそも懲戒とは，従業員が企業秩序や職場規律の維持に違反した行為に対して課す制裁であり，一般に懲戒解雇，諭旨解雇・諭旨退職，出勤停止，減給，戒告（譴責）などの処分が定められていることが多いです。

　懲戒処分については，労契法（労働契約法）15条が「使用者が労働者を懲戒することができる場合において，当該懲戒が，当該懲戒に係る労働者の行為の性質及び態様その他の事情に照らして，客観的に合理的な理由を欠き，社会通念上相当であると認められない場合は，その権利を濫用したものとして，当該懲戒は，無効とする。」としています。つまり，懲戒処分が有効とされるためには，懲戒処分の根拠規程が存在していること，懲戒事由に該当していること，懲戒処分の内容が社会通念上相当であることがそれぞれ必要とされています。

　労基法（労働基準法）89条9号も「種類及び程度」を就業規則に定

めることを要求しており，また，懲戒処分を行うためには，周知された就業規則に懲戒の対象となる事由と種類が定められていることが必要とされます（最判平成15年10月10日，判時1840号144頁，判タ1138号71頁）。いかにひどいことをしたとしても，この定めがないのであれば，企業として懲戒処分をすることはできません。

多くの企業では就業規則と懲戒処分を定めているとは思いますが，それがない企業は就業規則を定めるべきでしょう。なお，常時10人以上労働者がいる場合，就業規則を定める義務があります（労基法89条）。

ただし，懲戒の根拠規定が定められる前の行為については，懲戒処分をすることができないとされているという点には，注意が必要です。懲戒の根拠規定（事由）を定めていないということは，その行為について「懲戒をしない」ということを明示していたのと同様といえます。その行為の時点では許容されていた行為であるといえる以上，後から定められた懲戒事由に該当しないよう行動することは不可能です。そのため，後からできた規定をもって，それ以前の行為について懲戒処分をすることは許されないのです。

(2) 懲戒処分の相当性

懲戒事由にあたる行為があるとして，その処分が「当該懲戒に係る労働者の行為の性質及び態様その他の事情に照らして，客観的に合理的な理由を欠き，社会通念上相当であると認められない」場合には，その懲戒は無効となります（労契法15条）。

たとえば，貸与品の私的利用を禁じる就業規則がある場合に，会社から貸与された携帯電話を1回だけ私的利用したという場合に，懲戒解雇をすることは行為の性質や態様に照らして重すぎる処分といえ，社会通念上相当とは認められません。

相当性の判断をどのように行うかですが，当該非違行為の性質，態様や，被処分者の勤務歴などが総合的に考慮されることになります。他にも，当該企業において類似前例との比較上重すぎる処分ではないか，他企業での同種事案の例との比較上重すぎる処分ではないかと

いった点も考慮されます。

　さらに，就業規則等に，弁明の機会の付与，懲戒委員会等の開催などの手続きが定められている場合，この手続きを遵守することが必要とされます。つまり，手続的な相当性も考慮要素となります。なお，手続きが定められていない場合でも，弁明の機会を与えないことを理由に，手続的な相当性を欠くとしている裁判例（東京地裁平成22年7月23日決定〔ビーアンドブイ事件〕労判1013号25頁）もあることから，弁明の機会を与えておいた方が無難です。

　就業規則等に定められた手続きに違反して行われた懲戒処分は，原則として無効とされます。

　また，一つの非違行為に対して，複数回の懲戒処分を行うことは許されないとされます。

(3) 業務上の行為についての懲戒

　すでに就業規則がある場合でも，インターネットやSNSに関する規定を定める企業は多くはありません。近時はインターネットやSNSに関する規定を入れるようにしている企業も目にするようにはなってきましたが，まだまだ少数派です。

　ただし，インターネットやSNSに関する規定がないと懲戒処分ができないのかという疑問がわくかもしれませんが，そういうわけではありません。炎上はもっぱらインターネット上で発生するものであるといっても，その原因行為には種々のものがあり，その行為について，既存の就業規則の内容を適用できる場合も少なくありません。

　企業によって懲戒事由の定めに違いはありますが，たとえば以下のような定めがあることは多いと思われます。

- 会社の秩序および風紀を乱し，また乱そうとしたとき
- 故意に業務の遂行を妨げたとき
- 業務上の怠慢によって災害，事故を引き起こしたとき
- 会社の名誉・信用を傷つけたとき
- 会社の秘密をもらし，または漏らそうとしたとき

・会社に損害を与えたとき

　炎上により企業の名誉・信用が傷つけられ，損害が発生することは少なくないと思われるため，「会社の名誉・信用を傷つけた」「会社に損害を与えた」として，処分できる余地があります（ただし，後記(4)，(5)参照）。

　また，炎上の元となった行為が，たとえば会社の業務時間中にスマートフォンで写真を撮ってインターネット上にそれをアップしたものから生じた場合，その行為自体が職務専念義務に反していると評価できます。職務専念義務は労働契約に付随する義務であると理解されており，これは「会社の秩序および風紀を乱し」たものと評価できる余地があります。

　このように，懲戒処分を検討する場合，既存の就業規則を活用することで，処分できる余地がないかを検討するべきでしょう。ただし，上記のとおり，懲戒処分には相当性が要求されるため，行為と処分との均衡が取れているかは，きちんと検討する必要がある点には留意すべきです。

(4) 業務外の行為についての懲戒

　就業規則に違反する業務時間内，職場内等での非違行為があれば，それについては懲戒処分をすることは当然可能です。しかし，炎上が発生する原因行為は，業務時間中に行われる例はそれほど多くなく，休憩時間に，あるいは帰宅してからなど，もっぱら個人の私的な時間にインターネットやSNSに投稿されたものから発生しています。

　このような業務外の行為，いわば私生活上の行為について懲戒処分が可能なのかという問題があります。この点については，「労働者は，労働契約を締結して雇用されることによって，使用者に対して労務提供義務を負うとともに，企業秩序を遵守すべき義務を負い，使用者は，広く企業秩序を維持し，もつて企業の円滑な運営を図るために，その雇用する労働者の企業秩序違反行為を理由として，当該労働者に対し，一種の制裁罰である懲戒を課することができるものであるところ，右

企業秩序は，通常，労働者の職場内又は職務遂行に関係のある行為を規制することにより維持しうるのであるが，職場外でされた職務遂行に関係のない労働者の行為であつても，企業の円滑な運営に支障を来すおそれがあるなど企業秩序に関係を有するものもあるのであるから，使用者は，企業秩序の維持確保のために，そのような行為をも規制の対象とし，これを理由として労働者に懲戒を課することも許される」（最判昭和58年9月8日，判時1094号121頁，判タ510号97頁）とされています。

つまり，企業の円滑な運営に支障を来すおそれがあるなど企業秩序に関係があるものであれば，私生活上の行為であっても懲戒処分を行うことができるとされます。

従業員の私生活上の行為が炎上に至ってしまった場合，会社の名誉・信用を傷つけたといえる場合があり，その炎上の規模が大きければ，会社としては懲戒解雇をしたいと考える場合もあると思います。どのような場合にこれが認められるでしょうか。

この点に関しては，私生活上の非行が報道されたことで「会社の対面を著しく汚した」として懲戒解雇がされた事案において，「従業員の不名誉な行為が会社の体面を著しく汚したというためには，必ずしも具体的な業務阻害の結果や取引上の不利益の発生を必要とするものではないが，当該行為の性質，情状のほか，会社の事業の種類・態様・規模，会社の経済界に占める地位，経営方針及びその従業員の会社における地位・職種等諸般の事情から綜合的に判断して，右行為により会社の社会的評価に及ぼす悪影響が相当重大であると客観的に評価される場合でなければならない」（最判昭和49年3月15日〔日本鋼管懲戒解雇事件〕判時733号23頁，判タ309号257頁）とされています。

炎上は，新聞やテレビ等で報道されるものでは必ずしもありませんが，インターネット上で多くの者に共有され，まとめサイトに掲載され，ネットニュース等に取り上げられることが多いことからすれば，この判断基準に従うことが適当であろうといえます。具体的な判断は結局は個々の事案次第ですが，上記判例では有罪判決を受けたことが

報道されたものであり，それでも他の事情を考慮して懲戒解雇をするには不十分であるとしていることからすれば，懲戒解雇とするハードルはそれなりに高いものと考えておく必要があります。

なお，炎上に関する事例だと裁判になっているものではないですが，前述の新潟日報の報道部長がある弁護士に対して暴言や中傷を繰り返し，最終的に無期限懲戒休職の処分にされたという事例があります。また，会社ではなく公務員に関するものですが，平成25年6月，復興庁の参事官が「左翼のクソども」などという暴言を繰り返し投稿をしていることが発覚したケースでは，復興庁は，参事官については停職30日の処分をしたという事例があります。処分内容について一つの参考になります。

(5) 退職してしまった者への懲戒の可否

しばしば，すでに自主退職をしてしまった従業員を懲戒解雇にしたいが可能か，といった相談を受けることがあります。

懲戒処分はあくまでも雇用契約が存在していることを前提にその非違行為を処分するものであり，すでに雇用関係にない場合には，懲戒処分をする根拠に欠けることになります。したがって，すでに退職してしまった者に対して，懲戒処分を行うことは不可能です。

このような要望については，別途損害賠償請求の可否を検討するしかないでしょう。

POINT　懲戒処分
・懲戒処分をするためには，就業規則により懲戒の種類・内容，事由を定める必要がある
・行為に対して重すぎる処分は無効となる
・既存の就業規則にSNS等に関する定めがなくても処分は可能

04
刑事告訴

I 告訴と被害届

　告訴とは，捜査機関に対して犯罪事実を申告し，犯人の処罰を求める意思表示をいいます。一般的にはこの告訴のことを「刑事告訴」といっています。

　これとよく似たものとして被害届がありますが，被害届は，犯罪被害を受けたことを捜査機関に届け出ることであり，捜査機関が捜査の端緒になり得るという点では同じ機能があります。しかし，被害届には，告訴と異なり「犯人の処罰を求める意思表示」がありません（被害を届ける本人としては，処罰意思はあると思いますが，形式の問題としてないということです）。

　また，親告罪については事実上捜査開始の要件となっているという点でも被害届とは異なります。親告罪とは，告訴がなければ起訴ができない犯罪であり（たとえば名誉毀損罪など），告訴がなければそもそも起訴ができない以上，捜査をしてもその捜査が無駄になってしまうという問題があるため，通常，告訴がないと捜査をしないためです。

　さらに，被害届では，起訴するかどうかについて被害届を出した者に報告する義務はないとされますが，告訴については告訴した者に起訴したか又は起訴しない処分をしたときは，速やかにそれを告訴人に報告することが必要とされています（刑訴260条）。すなわち，警察が逮捕＝有罪と考えている方が少なくないですが，刑事手続というのは，犯罪の嫌疑があれば捜査を行い，その事件が警察から検察に送られ，検察が起訴するかどうかの判断をし，起訴されてはじめて裁判を受ける段階に至ります。そして，裁判で有罪・無罪を争い，判決をもって

結論が出るという手続きを踏むことになります。このように，検察が起訴をしなければ，そもそも有罪となることもあり得ないため，検察が起訴するかどうかは重要なポイントなのです。そして，告訴を受理すると，起訴したかどうかの報告が必要となるため，告訴を受理した事件については捜査を尽くす動機付けともなります。

したがって，被害を受けた場合には，被害届ではなく告訴を検討するべきです。

ただし，犯人を特定できてからでないと，爆破予告など生命・身体への侵害が予見される場合を除いて，警察は告訴を受け付けてくれないことが非常に多いです。警察には捜査権があり，本来，告訴をすれば，これを受理した上で捜査を行い，犯人を捜し出すべきといえます。しかし，現実にはそうではなく，特に遠隔操作ウイルス事件[23]以降，捜査に慎重になっており，告訴する側で相手を特定しないと動いてくれません。したがって，従業員などを告訴する場合は問題ないとして，それ以外の者を告訴しようとする場合は，まず相手を特定することが必要になることが多いだろうと思います。

告訴をする場合ですが，法律上は告訴は口頭でもできるとされていますが（刑訴241条1項），実務上は書面（告訴状）を提出するのが一般的です。告訴状には，告訴人，告訴事実の表示，告訴に至った経緯，処罰意思の表示などを記載します。この点は後述します。

では，そもそも告訴をする際にどのような罪を検討するべきでしょうか。

---

[23] 平成24年6月から9月にかけて，インターネット掲示板に設置したリンクをクリックさせることで，他者のパソコンを遠隔操作することができるプログラムを仕掛け，これを踏み台として襲撃や殺人予告が行われる事件が発生した。犯人自身は，複数の海外のサーバーを経由することで自身の本来利用しているIPアドレスを相手に知られずインターネット接続を可能にする匿名通信システムであるTor（トーア）を使用して通信をしていたため，襲撃や殺人予告が書き込まれた際のログを頼りに4人の人間が誤認逮捕された。

2　業務妨害罪（刑233条後段，234条）

　炎上が起きた場合，業務に何らかの支障を生じることは少なくありません。そのため，業務に支障をきたしていることを理由にして告訴を検討することになるでしょう。しかし，告訴をするためには，当然ながら，ある行為が具体的な罪に当たるのだということを明示する必要があります。

　最初に思いつくものとしては，業務妨害罪があるでしょう。たとえば，飲食店の従業員が業務用冷蔵庫に入った写真をアップした結果炎上し，清掃・消毒作業が発生したといったような，いわゆるバイトテロのような場合に，当該従業員が会社の業務に支障をきたしているとして業務妨害罪の適用が考えられます。

　業務妨害罪には，偽計業務妨害罪（刑233条後段）と威力業務妨害罪（刑233条後段，234条）があります。両者の区別は，一般に行為の態様又は結果が公然的・可視的な場合には「威力」に，非公然的・不可視的な場合には「偽計」に当たるとされます。

　炎上の原因によりどちらが適用され得るかはケースバイケースですが，もっぱら公然的にされているために炎上に至っていると考えられるため，威力業務妨害罪の適用を考えるべきケースが多いのではないかと思います。

　業務妨害罪の法定刑は，3年以下の懲役又は50万円以下の罰金です。業務妨害罪は抽象的危険犯とされており，具体的な業務への支障はなくても，業務への支障が発生するおそれがあれば成立するとされています。

　しかし，実務上は実際に何らかの支障が発生しており，しかもそれが証拠として提示しやすい形になっていないと受け付けてもらえないことが多いです。たとえば，爆弾を仕掛けたといった書込みをした場合，爆弾を探したり，周辺を警備したり，あるいはイベントの停止をするなどといったことをすれば，それらの作業が証拠として残りやすいため，業務妨害罪として受け付けてもらえる可能性はそれなりにあります。

他方，炎上のために新規の受注が大きく減った，売上げが大きく減ったといったことを理由に業務妨害罪に当たるとすることができるか，といった相談がしばしばされます。たしかに炎上によってそのような結果が発生しているという側面があるにしろ，証拠上そのように言い切ることができるのかという問題があり，何か別の要因がないということも証拠をもって説明しないといけません。しかし，「ないこと」の証明は一般的に悪魔の証明といわれ，これを立証することは困難です。そのため，このような理由では業務妨害罪として受理してもらうことは困難です。

　このように考えると，いわゆるデマ型の場合には，たとえば商品回収が必要になった，営業を休止せざるを得なくなったといった具体的損害が提示しやすいため，業務妨害罪による告訴をしやすい類型であろうといえます。

3　信用毀損罪（刑233条前段）

　信用毀損罪にいう「信用」とは，経済的な能力，とくに支払能力又は支払意思に対する社会的信頼のほか，販売される商品の品質に対する社会的な信頼も含むとするのが判例です（最判平成15年3月11日判タ1119号116頁，判時1818号174頁）。

　信用毀損罪の法定刑は，3年以下の懲役又は50万円以下の罰金です。

　食品に異物混入があったといったようなデマを流された場合に問題にし得る罪で，同時に業務妨害や名誉毀損といった罪に当たることも多いと思われます。これについてもデマ型による場合は告訴がしやすい類型であろうと思います。

4　名誉毀損罪（刑230条1項）

　名誉毀損罪は，公然と事実を摘示し，人の名誉を毀損することにより成立します。ここで「人」には法人も含むとされ，「名誉」とは社会的名誉のことを指します。そのため，名誉毀損とは，社会的名誉＝社会的評価を低下させる可能性があるものであれば，成立するという

ことになります。

　法定刑は，3年以下の懲役若しくは禁錮又は50万円以下の罰金です。
　炎上によって社会的評価の低下が生じる場合は多いと思われるため，これを適用することは一見すると楽なようにも思えます。しかし，刑230条の2第1項は，「公共の利害に関する事実に係り，かつ，その目的が専ら公益を図ることにあったと認める場合には，事実の真否を判断し，真実であることの証明があったときは，これを罰しない」としています。これは，真実をいうことは，正当な理由がある限り名誉を毀損する表現でも表現の自由として保障される必要があるとして定められているものです。事実の公共性とは，公衆の批判にさらすことが公共の利益増進に役立つと認められる事実のことを指し，公益を図る目的とは，私的な恨みを晴らす目的や，嫌がらせ目的などではないということを指します。そして，真実性の証明ができれば，名誉毀損罪は成立しないことになります。

　また，真実性の証明ができなかった場合であっても，「行為者がその事実を真実であると誤信し，その誤信したことについて，確実な資料，根拠に照らし相当の理由があるときは，犯罪の故意がなく，名誉毀損の罪は成立しない」（最大判昭和44年6月25日判タ236号224頁，判時559号25頁）とされています。仮に真実ではないということが事後的に明らかになった場合に，常に名誉毀損罪が成立してしまうと社会が混乱しかねません。そこで，真実であると信じた場合には名誉毀損罪が成立しないとされたのです。

　ただし，軽率に信じただけでも名誉毀損罪が成立しないとしたのでは，注意深い人ほど名誉毀損罪が成立しやすくなってしまい不都合であるため，確実な資料・根拠に基づいて，真実と信じてしまったという事情が必要とされています。

　このような点を考慮した上で，名誉毀損罪が成立すると判断できる場合は，名誉毀損罪の告訴を検討するべきでしょう。

　ただし，名誉毀損罪は，親告罪とされており（刑232条1項），告訴がなければ起訴することができません。告訴がなくても捜査すること

自体は可能とされていますが、前述のように、事実上、告訴がなければ捜査をすることもないため、親告罪では告訴は必要不可欠です。そして、親告罪の告訴は、犯人を知った日から6か月を経過するとできなくなるとされているので（刑訴235条1項）、この告訴期間の経過には注意をすることが必要です。

5　侮辱罪（刑231条）

　侮辱罪とは、事実を摘示しないで、人に対して軽蔑の表示をすることとされます。

　侮辱罪の法定刑は、拘留又は科料です。拘留とは、刑事施設で1日以上30日未満の期間拘置することであり、科料とは1千円以上1万円未満を支払うことです。

　法人には感情がないので、法人に対する侮辱罪が成立するのかという問題がありますが、侮辱罪の保護法益は社会的名誉と名誉感情にあるとされており、社会的評価の低下は法人にもあり得る以上、法人にも侮辱罪が成立するとされています。

　侮辱罪も親告罪とされているので（刑訴235条1項）、告訴期間に注意をすることが必要です。

6　器物損壊罪（刑261条）

　器物損壊罪は、他人の物を損壊することにより成立します。ここで、「損壊」とは、物の効用を害する一切の行為を指し、物の上に有形力を行使することは不要で、感情的な価値を害するということでも成立するとされます。

　たとえば、他人の食器等に放尿して感情上使用できないようにした場合も器物損壊罪に当たるとされています（大判明治42年4月16日）。したがって、従業員が冷蔵庫の中に入った写真を撮ってアップした、食洗機の中に入った写真をアップした、厨房の洗い場で"入浴"している写真をアップしたといったような炎上が起きた場合、その冷蔵庫や食洗機、洗い場などの機器の効用を害しているとして、器物損壊罪

に当たるとして，告訴し得ることになります。

器物損壊罪の法定刑は，3年以下の懲役又は30万円以下の罰金若しくは科料とされています。

なお，器物損壊罪も親告罪とされているため（刑264条），告訴期間には注意を要します。

7　その他

その他，たとえば線路に立ち入って標識を壊したり，レール上に石などの障害物を置くことなどは往来危険罪（刑125条）とされます。したがって，そのような行為をされた場合には，同罪での告訴を検討することができます。往来危険罪の法定刑は，2年以上の有期懲役です。

また，たとえば他人の著作物を無断利用していたことが判明した場合に，著作権者が著作権法違反（著作119条1項等）で告訴するということもあり得ると思います。なお，著作権法違反は親告罪なので（著作123条1項），告訴期間に注意する必要があります。著作119条1項違反の法定刑は，10年以下の懲役若しくは1000万円以下の罰金，又はこれの併科とされます。

8　罪の選択

炎上が発生した場合，上記のような罪で告訴することが検討できますが，一つの行為が複数の罪に該当するように評価することも可能です。そのような場合，どの罪を選択するべきでしょうか。

上記の罪を並べてみると次の**図表3‐9**のようになります。

告訴する以上はできるだけ重い罪で告訴したいと考えるのが通常ではないかと思います。そうすると，著作権法違反を除けば，業務妨害罪，信用毀損罪，名誉毀損罪の法定刑がほぼ同じです。前二者は親告罪ではないという点で時間的制約は少ないですが，他方で前記のようにデマ型の炎上でないと受理してもらうことが難しいという問題点があります。

名誉毀損罪は，親告罪という点で時間的制約があるものの，社会的

図表3-9　検討し得る罪の一覧

罪名	法定刑	親告罪
業務妨害罪（威力・偽計）	3年以下の懲役又は50万円以下の罰金	—
信用毀損罪	3年以下の懲役又は50万円以下の罰金	—
名誉毀損罪	3年以下の懲役若しくは禁錮又は50万円以下の罰金	○
侮辱罪	拘留又は科料	○
器物損壊罪	3年以下の懲役又は30万円以下の罰金若しくは科料	○
往来危険罪	2年以上の有期懲役	—
著作権法違反	10年以下の懲役若しくは1000万円以下の罰金，又はこれの併科	○

評価の低下の有無や程度を客観的に推し測ることができないため，低下したことの客観的証拠を要求されないというメリットがあります。もちろん，デマにより社会的評価の低下が発生することもあるところであり，この場合には業務妨害罪のほかに名誉毀損罪が成立することもあると思われます。

そのため，名誉毀損罪は比較的成立を主張しやすい犯罪であるといえ，告訴をする上で選択肢として検討するべきでしょう。

9　告訴状の作成

上記のように，告訴をするためには告訴状を作成して提出することが必要です。告訴状に記載するべき事項は法定されているわけではありませんが，告訴人，告訴事実の表示，告訴に至った経緯，処罰意思の表示などを記載するのが一般的です。告訴事実の表示というのは，犯罪となる具体的な事実を端的に示すもので，基本的には5W1Hを明示する必要があります。

告訴に至った経緯については，書込み発見の経緯，書込みをしたのが誰かを特定した経緯，なぜ当該犯罪が成立するといえるのかという点を具体的に説明することになります。そして，告訴はあくまで相手を起訴して処罰して欲しいからこそ行うものであるため，具体的にど

のような被害が発生しているのかを踏まえ，処罰意思を持っているということを説明することが必要になります。

　告訴状ができれば，告訴状とその裏付けとなる資料をもって警察署に持参し，事件相談をすることになります。そこで，どの警察署に相談をするのかという問題がありますが，この点は法律上特に定められているわけではありません。通常，事件の管轄は犯罪被害の発生地とされることが多いようです。インターネット上で被害を受けた場合，その被害発生地はどこかと考えると，パソコン等の画面を通じて被害を確認することになるので，被害者の所在地ということになるのが通常でしょう。したがって，自社の所在地を管轄する警察署に相談に行くのが原則になります。

　しかし，筆者はしばしば被害者の所在地以外の警察署，具体的には加害者の所在地を管轄する警察署に相談に行くことがあります。被害者の所在地を管轄する警察署管内では事件が多数起こっていることが想定され，極めて多忙なことが予想される場合，その警察署に相談に行っても親身に相談に乗ってくれないことが比較的多いためです。そこで，加害者側の所在地を管轄する警察署の方が余裕がありそうだと予想できる場合，そちらに相談するということをしています。

　犯罪の被害発生地でなくてもよいのかという点については，そもそも管轄する警察署とは警察が決めたものに過ぎず，法律上の根拠があるわけではないこと，犯罪の行為地の考え方として，行為の一部でも行われていればその場所も行為地であると解釈されているところ，書込みは加害者の所在地で行われていると考えられること，実際上，加害者に対する捜査をする上で，加害者に近い警察署であれば捜査が楽であること，といった点を説明することであまり問題にされることがないというのが実感です。

　警察に事件相談に行く際は，警察署によってはアポイントなしでも問題ないというところもありますが，まず事前に警察署に電話をして，アポイントを取りましょう。その際，「事件相談をしたいので，刑事課をお願いします」と言うようにしてください。単なる事件相談の場

図表3-10　告訴状

告訴状

平成29年2月10日

警視庁●●警察署長　殿

　　　　　　　　　告訴人
　　　　　　　　　所在　東京都港区●●●●
　　　　　　　　　社名　株式会社甲
　　　　　　　　　代表取締役　甲川法男

　　　　　　　　　被告訴人
　　　　　　　　　氏名　乙山花子
　　　　　　　　　住所　東京都練馬区●●
　　　　　　　　　職業　不詳
　　　　　　　　　年齢　34歳（昭和56年5月14日生）

　上記被告訴人の行為は，刑法第230条第1項の名誉毀損罪に該当するので，捜査の上，厳重に処罰されたく告訴します。

第1　告訴事実
　被告訴人は，ブログを利用して甲株式会社の名誉を毀損しようと企て，平成28年8月23日午前11時18分ころ，東京都千代田区霞が関一丁目1番1号被告訴人方において，スマートフォンを使用しインターネットを介して，乙株式会社管理に係るサーバーコンピューター内に開設された掲示板「●●掲示板」に「甲社は効果のない商品を販売する詐欺業者。逃げられる前にみんなで返金を請求するべき」との内容を記載して，これらを不特定多数の人が閲覧し得る状態にし，もって，公然と事実を摘示し，前記甲株式会社の名誉を毀損したものである。

第2　告訴に至った経緯
　1　告訴人について
　　　告訴人は，……
　2　被告訴人について
　　　被告訴人は，……
　3　名誉毀損罪の成立について
　　　……

第3　添付資料
　1　疎明資料説明書　　　　　　　　　　1通
　2　疎明資料　　　　　　　　　　　　各1通
　3　……

合，生活安全課に回されることがあるのですが，生活安全課だと単なるお悩み相談のような形で終わってしまうことが少なくないため，きちんと事件として捜査してもらう前提で刑事課につないでもらうべきなのです。なお，インターネット事案については生活安全課が担当しているという警察署もあるので，その場所は生活安全課への相談でも問題ないでしょう。

　ところで，告訴状を持参して警察署に行っても，その場ですぐに告訴を受理してくれることはほぼありません。警察としても，その場ではじめて聞いた事案を全て把握して事件化することはできないためです。そのため，最初の事件相談では，事件の概略とポイントとなるところがどこかを説明したうえ，資料一式を警察に預けることを考えておきます。この際，告訴状や資料は，原本を預かってほしいといっても受け取ってくれないので，コピーを持参するとよいです。コピーを持参しなくても，警察の方でコピーをとってくれることはありますが，コピー自体に時間がそれなりにかかること，少しでも警察の手間を減らし，事件の検討をしてもらいやすい環境を整えておくという観点から，コピーを持参した方がよいでしょう。

　その後，告訴を受理するという判断になれば，告訴状の修正や資料の追加などを指示されるのが通常です。それに応じた上で，改めて告訴状及び資料の原本を提出しに警察署に行くことになります。

　なお，告訴が受理されると，被告訴人（加害者）が逮捕されると考えている人は多いようですが，逮捕に至る事案は多くはないのが現実です。逮捕するためには，逃亡のおそれがある，罪証隠滅のおそれがあるといった理由が必要ですが，インターネット事案の場合はそのようなおそれが少ないと判断されている場合が多い印象です（もっとも，爆破予告など生命身体の安全にかかわる事件の場合は逮捕される例は多いようです）。加害者側が悪ふざけの延長で行っている場合が多く，前科などがないことが多いことも一つの要因と思われます。

　告訴が受理されると告訴状の内容についての裏付け捜査が始められます。しばしば行われるのは，被告訴人の自宅を捜索場所とした捜索

差押で，パソコンやスマートフォンなどを押収する手続きです。その上で，本人を任意で呼び出して取り調べを行います。

どのくらいのスピードで手続きが進むかは，その警察署の忙しさ次第のため一概にはいえませんが，数ヶ月〜1年単位で待たされることも往々にしてあり，思うほどスムーズに進むことは残念ながら多くはありません。

警察が捜査を終えれば，事件が検察に送られます。検察は補充の捜査を行って，起訴するかを決めます。

被害者としては起訴してほしいと思うでしょうが，現実的には，前科前歴がなければ，余程悪質で反省もしていない場合でなければ，起訴猶予という判断になることが多いです。起訴猶予とは，犯罪が成立しているだろうといえるものの諸般の事情を考慮して起訴をしないという判断で，不起訴処分の一つとして位置づけられています。起訴猶予は不起訴処分ではありますが，あくまで起訴が猶予されているだけなので，その後同じようなことをしていると発覚した場合に，次は起訴されることが多く，その点で抑止力になります。

もちろん，事案により起訴（ないし略式起訴）という判断になることも当然あります。この場合，最終的に有罪判決となるかどうかは裁判所の判断となります。

なお，検察が起訴したかどうかは，前述のとおり告訴人に通知する必要があるため，いずれかの処分がされればその旨の連絡が届きます。

> **POINT**
>
> **刑事告訴**
> ・告訴は，捜査機関に犯罪事実を申告し，犯人の処罰を求める意思表示であり，被害届とは異なる
> ・犯人の特定ができていないと，実務上，告訴を受理してくれないことが多い
> ・名誉毀損罪が告訴として受理されやすい傾向がある
> ・デマ型炎上の場合は，業務妨害罪での告訴もあり得る
> ・告訴する際は，管轄警察署の刑事課に告訴状を持参して相談する
> ・告訴状一式の写しを持参して，警察に渡すようにする

COLUMN3
従来型クレームと近時のクレームの対応方法の違い

　近時，危機管理や広報のあり方は変化してきています。
　従来であれば，クレーム等は電話で会社に対して直接寄せられていたため，一対一の対応をしていれば足りました。そして，クレームの内容についてはある程度時間をかけて調査し，結果が出てから報告・謝罪をすれば足りるケースがほとんどでした。現在もこのようなクレームも多数あるところですが，さらに"ネット告発"を伴うクレームが増加しています。
　たとえば，異物混入があった場合など，まずソーシャルメディアに異物混入の写真が投稿されることで"告発"が行われることがあります。インパクトの強い異物の写真などが燃料となって，炎上に至ることも多いでしょう。さらに，"告発"をした者は，対応の内容をインターネット上に公開しつつ，対応に対する不満や批評を書き込む"実況中継"することも少なくありません。
　企業としては，事情が十分に把握できていない中で迅速に対応しなければならず，不手際があれば「対応が遅い」「不誠実」という評価さえされてしまうおそれがあります。
　したがって，現在のクレームは，インターネット上に公開されてしまい，衆人環視の中で行わなければならない，ということを常に意識しておくことが必要です。たとえば，「この人は面倒だから譲歩しよう」などと特別な対応をしてしまうと，その内容を公開されるおそれもあり，その場合には他の同種案件にも悪影響が波及してしまうこともあるかもしれません。
　このように，近時のクレーム対応は，従来型のクレーム対応に加えて，さらに迅速な対応が必要になったことと，その対応は衆人環視の中で行っているという意識を持つことが必要になっているという点で異なります。

第4章
炎上の予防策

01
日頃の備えが炎上を防ぐ

1　誰でも巻き込まれる可能性

　炎上はどのような企業であっても巻き込まれる可能性があると考えておいた方が無難です。たとえば，SNSは炎上するのが怖いからという理由で，公式SNSは作らないという企業もあるようですが，公式SNSの開設をするかどうかと炎上に巻き込まれるかどうかは，実は全く無関係です。公式SNSでの失言等が炎上につながってしまったケースもありますが，多くの炎上は公式SNSからではなく，それ以外のところ（たとえば従業員や顧客のSNS）から発生しています。

　また，「うちはBtoB（企業間取引）の企業だから炎上とは無関係」と考えている企業もまだ多いのではないかと思います。たしかに，BtoC（企業対消費者間取引）の企業の方が，また，特に一般の顧客によく知られている企業の方が多くの人が話題に参加しやすいため，炎上が発生しやすい傾向があることは否定できません。しかし，BtoBの企業であっても，たとえば労働環境などについての愚痴・告発などがSNS上でされるおそれは常にあります。

　そのため，どのような企業であっても炎上に備えた体制を構築しておくことは必要でしょう。

　ただ，炎上は予期しないところから突然発生することが少なくありません。とくに，事件・事故などの不祥事による炎上を予防するためには，事件・事故などを起こすことがないよう，日々の業務を遂行する中で注意をしていくことしか予防する方法はないといえます。また，言いがかりやデマに基づく場合，自社に非がない場合でも突然炎上に巻き込まれてしまうこともあり，あらかじめ対応することは困難なの

が通常です。

　しかし，言いがかり・デマに巻き込まれにくくすることは，普段の対応を気をつけることでできる場合もありますし，失言・不適切型，悪ノリ型については，個々の従業員・役員がどのような発信をすると炎上につながりやすいのかということについて意識を持っておくことで，炎上のリスクを低減させることが可能です。そこで，以下では失言・不適切型，悪ノリ型，デマ型に関する炎上予防策について述べます。

2　常時監視体制の重要性

　炎上による被害を少なくするためには，いち早く炎上の「火種」に気付き，それに対応したり，対応方針を決定したりする必要があります。炎上状態になってしまえば，あることないことを，憶測も含めて情報拡散し続けられるおそれがあるためです。

　そして，炎上状態になってしまうと「電凸」の可能性が高まります。前述のように電凸というのは，電話による突撃取材を指すネットスラングですが，通常，電凸がされると，その問い合わせの状況を実況中継形式や，やりとりをまとめた形，あるいは電話でのやりとりを音声データでインターネット上に公開されます。しかも，当然のことながら，電凸をするのは1人だけとは限りませんし，電凸がされる先は会社の広報とも限りません。

　多数の電凸がされた場合，通常業務に支障を生じるおそれがあり，また，電凸の内容が公開される可能性が高いことを考慮すると，対応する人によって回答内容が異なっていれば，対応の矛盾を指摘され，それがさらなる炎上の火種になる（＝燃料の投下）おそれがあります。情報が錯綜している状態が，もっとも憶測を呼びやすく炎上を拡大させやすいのです。

　このような状態になってしまいかねない炎上を防ぐには，小さい火種のうちにいち早く気づくことが重要です。そのためには，インターネットを常に監視しておくべきです。ただ，「監視する」ということ

は簡単でも，実際に網羅的な監視をするとなるとかなり大変です。インターネット上には，多種多様なサイトがあり，しかも掲示板やブログといった基本的にはテキスト形式の媒体のほか，写真や動画といったワード検索ですぐに検索結果として表示されるとは限らないものも多数あるためです。また，休日だからといって監視を休むことになると，休日に発生した火種に対応できないことになります。さらにいうと，検索方法についてもノウハウがないと，適切にサイトを見つけることができないのではないかという問題もあります。

とはいえ，できるだけ内製化できればコスト的なメリットもあります。そこで，内製化を検討する場合は監視ツールを利用することを検討するとよいでしょう。

もっとも簡単なツールは，Googleアラートというサービスを利用することです。Googleアラートは，設定したキーワードに関する新しい検索結果が見つかったときにメールで通知を受け取ることができるサービスです。なお，このツールはGoogleにログインをしなければ使えないので，アカウントを持っていない場合にはアカウントを作成してください。

https://www.google.co.jp/alerts にアクセスすると，**図表4-1**のような表示がされます。

図表4-1　Googleアラートの画面

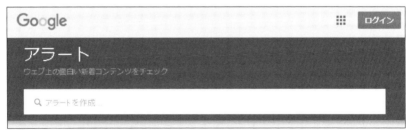

引用元：https://www.google.co.jp/alerts

そして，「アラートを作成」と書かれている検索窓にキーワードを

設定していきますが，この際に，できる限り自社に関するキーワードを幅広く登録することで，常時監視体制を実現することになります。設定するキーワードとしては，社名，屋号，店舗名，自社ブランド名，商品名，キャッチコピー，代表取締役の氏名，役員の氏名，店長の氏名，カスタマーサポート担当者名，自社ホームページ等のURL・ドメイン，Twitter等のSNSのURL・アカウントなどのほか，これらが一部伏せ字にされていたり，誤字があるケースもあるため，それを想定したものも登録するべきです。

キーワードを入力すると，「アラートを作成する」というボタンと「オプションを表示」という表示がされるため，「オプションを表示」をクリックします。

図表4-2　Googleアラートの設定

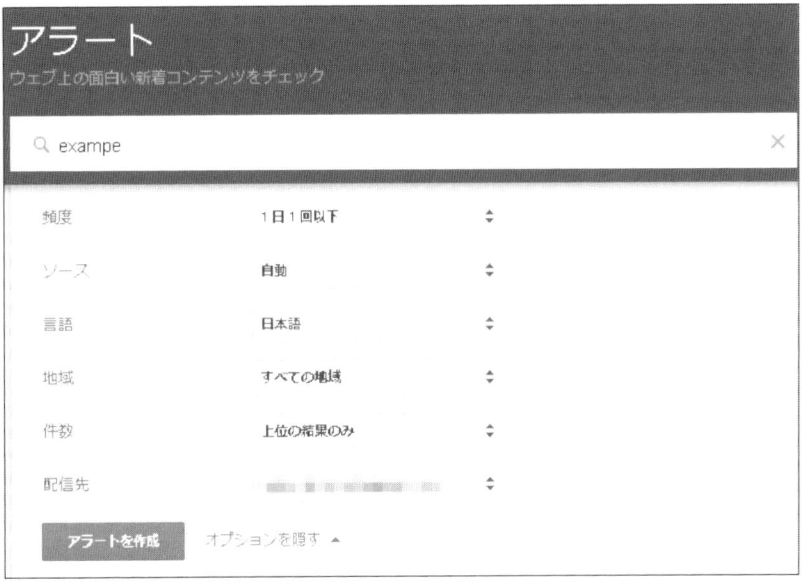

引用元：https://www.google.co.jp/alerts#1 :11

そうすると，頻度，ソース，言語，地域，件数，配信先というオプションを選択できる画面になります。そこで，頻度について「その都

度」を選択し，ソース，言語，地域，件数については，自社にとって最適なものを選べばよいでしょう。また，配信先については，Googleのアドレスでなくても設定できるため，監視を担当する従業員が複数人で共有しているメールアドレスなどを設定すると使いやすいのではないかと思います。これらの設定をしたら，「アラートを作成」ボタンを押せばアラートの作成が完了します。

なお，検索エンジン上にそれほどキーワードが上がってこない企業であれば，これで完成でもよいのですが，非常に頻繁にキーワードが上がってきてしまう企業も中にはあると思います。その場合，アラートとして上がってくる情報を捌ききれなくなってしまいかねないため，検索対象を絞ることを考えます。

そこで，AND検索，OR検索，マイナス検索，及びこれらの組み合わせを活用してください。なお，AND検索は「甲 AND 乙」というキーワードを設定した場合に，甲と乙の両方を含むもののみを検索する方法であり，OR検索は「甲 OR 乙」というキーワードを設定した場合に，甲か乙のいずれか一方でも含むものを検索する方法であり，マイナス検索は「甲－乙」というキーワードを設定した場合に，甲は含むものの乙は含まないものを検索する方法です。

このようなツール・方法を使用することで，自社内でネット監視をするのでも問題はありませんが，ネット監視をサービスとして提供している業者もあり，そのような会社を利用するのも一考です。監視にかかる費用は，業者により異なりますし，また設定するキーワードや監視範囲によっても異なるため一概には言えません。そのため，業者の利用を検討する場合は，複数の業者に相見積もりをとってみるのがよいのではないかと思います。

なお，ネット監視を業者に依頼するとしても，公式アカウントや社長や役員のブログなど，経営層のアカウントが存在する場合には，少なくともその監視は常時行うようにするべきです。自社ないし社長が管理しているSNSであれば，一定のコントロール下にある以上，リスクもコントロールすることが可能だからです。

たとえば，公式アカウントの運用者が自分が私的に使っているアカウントと間違えて失言を発信してしまうという事態はしばしば起こっていますが，そのような失言にいち早く気付くことができれば，すぐに削除するなどの対応が取れます。また，社長ブログなどに批判的なコメントが寄せられた場合に，その批判に対して即時に真摯な回答をすれば，炎上を防ぐ，あるいはごく小規模な炎上で終わらせることができる場合も少なくありません。

02
規程類の作成

1　守秘義務契約・誓約書

　失言・不適切型，悪ノリ型炎上の中には，会社の業務内容や業務に関わることを外部に公開したり，また業務時間中や休憩時間中に悪ノリをした写真をSNSに掲載するなどしたことから発生していることが多いようです。

　このような行動をすることがないようにするには，業務内容をみだりに公開することがないように，その旨の守秘義務契約，秘密保持に関する誓約等をすることが必要です。

　そして，たとえば抽象的に「営業秘密は公開してはいけない」と定めたとしても，一般社員には何が営業秘密かはよく分かりません。よく分からないものについて，「守ろう」という意識を持つ人はなかなかいません。そのため，秘密保持契約においては，会社として公開されたくない内容についてできるだけ具体的に指摘しておくとよいでしょう。

　また，単に開示してはいけないという定めを置いたとしても，口頭

で話すことだけが規制されていて，SNSに発信することは規制されていないと考えている人も，若年層を中心にいるようです。そのため，「開示」とはどのような行為を含むのかという点についても，たとえば「口頭で話すことのほか，書面（Eメール，チャットツール，SNS，インターネット掲示板等の電磁的方法を含む）による公開も含みます」といった内容を定めておくとよいでしょう。

また，退職後であれば自由に利用できるとするのも問題があるため，退職後であっても誓約は有効であることを前提にした条項を入れておくべきでしょう。

しかし，守秘義務契約等をしても，実際にそれが重要なものとして従業員に認識され，実行されなければ意味がなく，誓約書等を取得しておきさえすれば十分ということは，当然ありません。従業員は，守秘義務誓約書なども含めて，入社にあたっての形式的な書面のやり取りの一環として考えていることがしばしばであり，その重要性を認識していないことが少なくありません。

たとえば，平成23年1月11日に起きた「ウェスティンホテル東京ツイート事件」はこの点を再認識させるものです。ウェスティンホテル東京内のレストランにアルバイト勤務をする女子大生が，来店していたプロサッカー選手とファッションモデルについて，「AとBがご来店。Bまじ顔ちっちゃくて可愛かった・・・今日は2人で泊まるらしいよお，これは・・・（どきどき笑）」というツイートをしたところ，「ホテル従業員が客の情報を開示するのは問題」といった非難が相次ぎ，炎上しました。これに対して，ウェスティンホテル東京は，ホテル総支配人名義でホテルのウェブサイトに謝罪と再発防止策などを発表しましたが，その中で，「社員・アルバイトにかかわらず全ての従業員は，入社時にお客様情報の守秘義務等に関する研修を行った上，誓約書への署名をしております」として，守秘義務誓約書への署名がされていたことが明らかになっています。

このことから分かるとおり，書類のやり取りをすることは最低限必要であるとしても，従業員が何が問題であるかを理解していないとか，

図表4-3　秘密保持に関する誓約書の例

秘密保持に関する誓約書

平成29年2月5日
甲乙株式会社
代表取締役　甲山一郎　殿

住所
氏名　　　　　　　　　印

　この度，貴社に入社するに当たり，下記の秘密保持に関する事項を遵守することを誓約いたします。

記

1　秘密保持
　　次に掲げる貴社保有の個人情報及び営業秘密その他の技術上又は営業上の情報について，社外の第三者に対して，方法のいかんを問わず，貴社の許可なく開示又は漏洩せず（口頭で話すことのほかの，書面，Eメール，チャットツール，SNS，インターネット掲示板等への書込み等を含む。以下同じ。），その他不正使用しないこと。
　(1)　顧客に関する個人情報
　(2)　商品流通経路，卸価格，小売価格等の情報
　(3)　財務，人事等の総務に係る情報
　(4)　仕入れ先企業又は関連子会社の情報
　(5)　その他就業中に知り得た貴社に関する情報
2　秘密の報告及び帰属
　(1)　秘密情報について，その創出または得喪に関わった場合には直ちに貴社に報告致します。
　(2)　秘密情報については，私がその秘密の形成，創出に関わった場合であっても，貴社業務上作成したものであることを確認し，当該秘密の帰属が貴社にあることを確認致します。また当該秘密情報について私に帰属する一切の権利を貴社に譲渡し，その権利が私に帰属する旨の主張を致しません。
3　退職後の秘密保持
　　第1項の営業秘密等については，貴社を退職した後においても，開示若しくは漏洩，又は不正使用いたしません。
4　損害賠償
　　前各条項に違反して，貴社の秘密を開示若しくは漏洩した場合は，私は，それにより貴社が被った一切の損害を賠償することを約束いたします。

仮に理解していても「どうせ見つからない」「自分であるとは特定されない」などと考えているとすれば、安易な行動を取ってしまうおそれがあるのです。そのため、後記のような従業員教育が重要になってきます。

2　就業規則

(1)　就業規則の重要性

　従業員が炎上を発生させた場合、企業にも火の粉が降りかかることが少なくないということはこれまで繰り返しているとおりですが、その場合、企業としては、従業員に対して責任を追及したいと考えるのではないかと思います。

　責任追及の方法は、すでに第3章で説明したとおりですが、その一つの方法としては懲戒処分を行うということが考えられます。懲戒処分を行うためには、大前提として、就業規則において懲戒の対象となる事由と懲戒処分の種類が定められていることが必要であり、労基法89条9号においても「表彰及び制裁の定めをする場合においては、その種類及び程度に関する事項」を定めることが必要とされています。そこで、懲戒処分をするためには就業規則を定めておくことが必要です。

　まだ就業規則がないということであれば、早急に就業規則を作るべきでしょう。ただし、すでに説明したとおり、就業規則を作成する前の事由に基づいて懲戒処分をすることは許されないので、その点は注意してください。

　就業規則に明記することで、どのような行動が企業として問題行動であると認識しており、それを処分する方針だということを明らかにしておくことができます。これにより、問題投稿を減らし、その結果炎上を避けることができる可能性が高まります。そこで、インターネットやSNSに関する就業規則を定めるべきでしょう。

(2) SNS等の使用禁止を定めることの可否

　炎上の多くはSNSへの不用意な書込みに端を発していることが少なくありません。そのため，SNS等は企業から見れば，いわばリスクがあるものといえるため，これを使用させないことが企業にとってはメリットがあるといえます。

　しかし，下記のとおり，企業が貸与しているパソコン，スマートフォン等の端末で使用することの禁止は可能としても，従業員が私的に利用するSNSについて制限する根拠はありません。従業員は，会社の指揮命令に服しつつ職務を誠実に遂行する義務（職務専念義務）があるものの，この義務はあくまで就業時間中に負うべきものであり，それ以外の私的時間について，その使い方を指示に従うべき理由がないためです。

　したがって，SNS等の使用禁止を定めても，それは従業員の自由を過度に侵害するものとして無効になると思われます。

　似たようなものとして，SNS等の事前届出制を採用できないかという相談もありますが，これについても私生活上の活動に対する制約になり得る以上，強制することは難しく，定めたとしても基本的には無効になる可能性が高いと考えるべきでしょう。

　なお，前述の新潟日報の事例において，新聞報道によれば「新潟日報では個人としての投稿でも会社に届け出を求める内規があった」とされています。このような内規を定めて届出を受けることそれ自体が違法となるわけではなく，定めることは可能です（ただし，違反したことを理由にした処分は難しいでしょう）。そのため，従業員に対して意識付けをする上で，このような定めを置くことは検討してもよいかもしれません。

(3) 就業規則に定めるべき内容

①貸与品等の私的利用の禁止

　業務を行う上で，パソコン，スマートフォン，電子メール，インターネットの利用は必要不可欠といって差し支えない時代になっていま

す。職場のパソコンは会社のものであり，スマートフォンの貸与を受ける例も増えているでしょう。これらの機器は会社のものであり，当然，業務に使用する前提で貸与しているものに過ぎないもののため，会社は貸与しているパソコンやスマートフォンを私的利用することを禁止することができます。具体的には，これらの貸与を受けている機器を，私的に用いて電子メールを送ったり，インターネットサーフィンをしたり，掲示板やSNSへの投稿を行うことを禁止することが可能です。

　そのため，このことを就業規則に定めればよいということになります。しかし，私的利用の禁止を定めたとしても，日常の社会生活を営む上で通常必要な外部との連絡先として会社にすることは許容されるのが通常であり，一切の私的利用ができないというのは，社会通念に反しています。

　そこで，規定上は，私的利用の禁止を謳いつつ，社会通念上必要な範囲内での私的利用であれば許容されるという扱いをすることが必要になります。

　ただ，私的利用が許容されるのは，あくまで日常の社会生活を営むためなので，それを超えるような利用実態のものが許容されるわけではなく，インターネットサーフィンをしたり，掲示板やSNSへの投稿を行うことが許容されることには当然なりません。

　会社のインターネット回線から誹謗中傷をしていたとか，就業時間中に中傷記事を投稿していたといった事情が明らかになった場合，炎上しやすい傾向があります。休憩時間に事実上利用を許容している例も少なくないとは思いますが，会社として炎上に巻きこまれないようにするためには，インターネットサーフィンをしたり，掲示板やSNSへの投稿を行うことは，明確に禁じておいた方が無難です。

　なお，このような定めがなくても，従業員には職務専念義務があり，会社の敷設したLAN等の施設を私的利用することは，企業施設の無断利用として，施設管理権の侵害と評価することは可能です。ただし，実態として私的利用を知りながら黙認していたといった事情があれ

ば，懲戒処分にすることは難しいため，やむを得ない事情がある場合を除いて私的利用を一律禁じる形にした方がよいでしょう。

②貸与した機器等の調査

貸与しているパソコンやスマートフォンが私的利用されているかどうかは，外部から窺い知ることが難しいのが通常です。しかし，上記のとおり，従業員は会社の指揮命令に従って労務を提供するべき義務があり，私的利用がされている場合はこの義務に反していることになります。そのため，この義務への違反がないかを調査することは，企業秩序を維持する上で必要なことです。

したがって，企業秩序維持のため，貸与した機器等の調査をしたり，それによる通信記録やネットワークの利用状況を監視することは当然許容されるというべきです。

もっとも，上記のとおり，実際のところで考えると，上記のとおり一定の私的利用が許容されるため，常に調査や監視等をすると，従業員のプライバシーを侵害する可能性も出てきます。そこで，社会通念上相当な範囲を逸脱しない範囲で行うことが要請されます。

どのような場合が社会通念上相当な範囲を逸脱するかについては，「職務上従業員の電子メールの私的使用を監視するような責任ある立場にない者が監視した場合，あるいは，責任ある立場にある者でも，これを監視する職務上の合理的必要性が全くないのに専ら個人的な好奇心等から監視した場合あるいは社内の管理部署その他の社内の第三者に対して監視の事実を秘匿したまま個人の恣意に基づく手段方法により監視した場合など，監視の目的，手段及びその態様等を総合考慮し，監視される側に生じた不利益とを比較衡量の上，社会通念上相当な範囲を逸脱した監視がなされた場合に限り，プライバシー権の侵害となる」（東京地判平成13年12月3日〔F社Z事業部（電子メール）事件〕労働判例第826号76頁，労働経済判例速報第1814号3頁）という裁判例が参考になります。

この点は，就業規則上の問題ではなく，どのように運用するのかの

問題にかかるものですが，恣意的な運用にならないよう注意するべきでしょう。

③　就業時間中の私的行為の禁止

　従業員には職務専念義務があります。そのため，就業時間中に私的な行為を行うことは原則として許されません。もちろん，日常の社会生活を営む上で通常必要なものであれば許容されますが，それを超えるような行為は，職務専念義務違反となります。

　職務専念義務はあえて明記しなくても，労働契約の重要な要素と考えられていますが，私的行為の禁止ということをあえて明記することで，従業員にこのような義務があるという意識を持たせることは重要といえます。

　たとえば，
- 会社が貸与したパソコン，タブレット端末等の機器は業務遂行に必要な範囲で使用することとし，私的に利用してはならない
- 従業員は，会社が貸与した携帯電話，スマートフォンを，私的に利用してはならない
- 従業員は，就業時間中に，会社の許可なく個人の携帯電話，スマートフォン等を私的に利用してはならない

といったことを定めることを検討するとよいでしょう。

④　秘密保持義務の明示

　従業員は，労働契約に付随する義務として，会社の業務上・営業上の秘密を守る義務を負っています。多くの企業では，雇用契約書や就業規則などで，営業秘密の保持を定め，これを漏洩することを禁止していることが通常です。

　しかし，抽象的に「会社の内部情報を漏洩してはならない」のように定めても，何をもって会社の内部情報かというのは，必ずしも明らかではありません。会社の業務によって知り得た情報であれば，一般的な話であってもおよそ公表してはいけないというのは行きすぎです。

そこで，どのようなものが会社にとって秘密とするべきものかを明らかにすることが必要です。この「秘密」の範囲に関して参考にするべきは，不正競争防止法にいう「営業秘密」です。「営業秘密」は，「秘密として管理されている生産方法，販売方法その他の事業活動に有用な技術上又は営業上の情報であって，公然と知られていないものをいう」(不正競争防止法2条6項)とされています。つまり，①秘密管理性，②有用性，③非公知性が必要です。

　労働契約上の秘密保持義務の対象となる「秘密」の範囲はこれよりも広いものであるとは解釈されていますが，「就業規則ないし個別合意により漏洩等が禁じられる秘密事項についても，少なくとも，上記秘密管理性及び非公知性の要件は必要である」(東京地判平成24年3月13日労働経済判例速報第2144号23頁)とされます。

　しばしば会社の内部情報を公開されたから，これを理由に何かできないかという相談をされますが，従業員が負うべき秘密保持義務の内容は，このように限定があるため，単純に守秘義務，秘密保持義務を定めているからといって，懲戒処分をすることはそう簡単ではありません。

　そこで，まず前提として，秘密情報として保護するべきと考える情報をできるだけ列記し，実際に秘密として管理するという運用が必要です。

　なお，秘密管理性が認められるためには，少なくとも，情報に対するアクセスを制限し，アクセスしようとする者がアクセスしてはいけない情報であることを認識できる必要があります。具体的には，「部外秘」「極秘」等の表示をした上で，情報にアクセスできる者を制限し，施設への立ち入りを制限するなど物理的な管理，ID，パスワード等での管理，USB等への複製の規制といった技術的な管理をすることなどが必要です。

⑤　削除を求める場合があることの明示

　会社にとって不都合な内容がインターネットやSNSに投稿されてしまった場合，会社としてはそれを削除したいと考えるのが通常です。この場合，投稿したのが従業員であることが分かっていれば当該従業員に削除を求める場合があることを就業規則に明示しておくとよいでしょう。では，このような就業規則がない場合，従業員にこの削除を強制することは可能でしょうか。

　会社は，従業員に対して業務命令をすることができますが，業務命令はあくまで業務を遂行する上で必要となるものであり，私生活上のことについてまで命令ができるわけではありません。そのため，就業規則に違反しているなど，業務と関係があるといえる部分に関する削除を命じることは，業務命令権の行使として有効になりますが，これを超える部分については，従業員の表現の自由を過度に侵害するものとして無効になると思料されます。

　この点に関して，編集記者として勤務していた従業員が，ホームページを自ら開設し，新聞記者であることを明かした上で，業務上知り得た事実や体験を題材に社内批判等をする記事を掲載したため，会社がホームページの閉鎖を命じたところ，従業員がこれに従わないため14日間の出勤停止とする懲戒処分をした事案において，以下のように判示されています。

　「被告は，同社と労働契約を締結している原告に対し，同契約の範囲内で業務命令を行う権利を有するというべきであるが……就業規則上問題となる記載部分を特定することなく，HP全体の閉鎖を命じたものであるから，その業務命令権の範囲を逸脱した無効なものであるというべきである。すなわち，……原告に対し，HPで公開された文書の記載中，原告と被告との間の労働契約（就業規則）上許されない記載部分を特定した上で，その部分を削除させ，もし，この部分の削除ではその目的を達し得ない場合に限ってその文書全体を削除するよう命ずることができるというべきであるが，……前記業務命令は，削除すべき部分を特定することなく，就業規則上何らの問題のない文書

を含むHP全体を閉鎖するよう命じたものであって，到底許されない」（東京地判平成14年3月25日労働判例第827号91頁，労働経済判例速報第1808号3頁）。

このように，業務命令として削除を求めることができる場合はありますが，あくまで業務と関係がある範囲で限定的に削除を命じることができるにとどまり，広すぎる範囲について削除を命じることはできません。そのため，削除を命じるのであれば，なるべくどの部分が問題なのかを明示した上で削除を命じることが肝要といえます。

⑥ 懲戒処分の可能性

就業規則に違反した行動が発覚すれば，懲戒事由を定めている限り，企業秩序等を維持するため，懲戒処分をすることが可能です。このことは改めて記載するまでもないことでもありますが，インターネットやSNSに関する就業規則を新たに作る場合，これは単なる目標ではなく，企業としてのルールであるということを従業員に意識してもらうことが必要です。

そのためには，違反した者については，懲戒処分があり得るということを明示しておいた方がよいといえます。

> **POINT 規程類の整備**
> ・炎上に即時対応するためには，インターネットを常に監視しておくことが有用
> ・入社時には会社の内部情報を漏えいすることがないよう，秘密保持誓約書などを取得するとともに，就業規則にも秘密保持についての定めを置くべき
> ・就業規則に就業時間以外も含めた「SNS禁止」を定めることはできない
> ・貸与機器の私的利用を禁止する，就業時間中の私的行為を禁止するという就業規則は定めておくべき

図表 4-4　就業規則の記載例

第●条（貸与機器の取り扱い）

1　社員は，会社が貸与しているパソコン，タブレット端末，スマートフォンその他の機器（以下，「貸与機器」という。）を利用して，業務と無関係な架電，ウェブサイトの閲覧及び電子メールの送受信をしてはならない。

2　社員は，業務に関係する場合を除き，貸与機器を用いて SNS 等を利用し，または情報発信をしてはならない。

3　会社は必要に応じて，貸与機器及び通信記録並びにネットワークの利用状況を，定期的に，または適宜に閲覧，調査，解析，記録等することができる。

第●条（私用パソコン等の使用制限）

社員は，やむを得ない場合を除き，就業時間中に，会社の許可なく個人で所有するパソコン，タブレット端末，スマートフォンその他の機器を利用してはならない。

第●条（インターネット上の情報発信）

1　社員は，職場の秩序を保持し，業務の正常な運営を図るため，次の各号に掲げる情報を発信してはならない。
　(1)　職務上知り得た秘密や個人情報を含む情報
　(2)　人種，思想，信条等の差別，または差別を助長させる情報
　(3)　違法行為または違法行為をあおる情報
　(4)　単なる噂を助長させる情報
　(5)　わいせつな内容を含むホームページへのリンクを含む情報
　(6)　その他公序良俗に反する一切の情報

2　会社は社員が前項に該当する情報を発信，開示していることを発見した場合，その削除を求めることがある。会社からの削除を求められた従業員は直ちに当該情報の削除に応じなくてはならない。

3　会社は，社員が前各項に違反したときは第●条（懲戒）に基づく処分を科し，また，当該情報発信により会社に損害を与えた場合は，その損害の賠償を求めることがある。

03
ソーシャルメディアポリシー／ガイドライン

I　SNSの利用法に一定の指針を

　就業規則が有効なものとなるためには，就業規則案を作成し，事業場ごとに労働者の過半数で組織する労働組合がある場合はその労働組合，それがない場合は労働者の過半数を代表する者の意見を聴いた上で（労基法90条1項），この意見を記した書面を添付して（労基法90条2項），所轄の労働基準監督署に届け出ることが必要です（労基法89条）。また，届け出た就業規則は，常時各作業上の見やすい場所へ掲示，備え付けるなどすることで周知することが必要です（労基法106条）。

　意見を聴くことが要件であり，同意を得ることまでは不要なのですが，このような手続きを踏むことが必要です。しかし，仮に内容に反対された場合には職場の士気や規律に問題が生じかねない場合もあると思います。

　インターネットのコンテンツの移り変わりは激しく，利用のされ方もどんどん変わっていきます。そのため，その使い方を従業員任せにすることはリスクが大きく，会社として一定の指針を示すべきです。しかし，このような指針を就業規則で定めるとすれば，柔軟性に欠けますし，新たなサービス，新たな使い方が増えた場合に対応することが難しくなる場合もあります。何より，SNS等の利用がもっぱら就業時間など会社の指揮命令に従う必要がない時間に使用されることの方が多く，その間の行動を就業規則により規制することがそもそもできません。

　そこで，会社として，インターネット上に情報発信する際のルール

や心構えをソーシャルメディアポリシーやガイドラインなどの形で示すことで，不適切な投稿を抑制することを検討するべきでしょう。会社として，従業員に対して，インターネットやSNSとどのように付き合うべきかの教育を行うという意識を持つとよいです。

　他方，従業員がソーシャルメディアを私的に使用している場合とは別に，ソーシャルメディアを会社として運用している場合もあると思います。その場合，その運用の仕方を担当者の自由にさせてしまうとすれば，会社の意図しない発信がされてしまうおそれも出てきてしまうため，運用ルールを定めることも必要です。

2　従業員向けソーシャルメディアポリシー

(1)　作成の指針

　従業員向けソーシャルメディアポリシーには，なぜそれを定めるのかという目的をはじめ，ソーシャルメディア等を使用する際の心構えなどを定めることになります。その際，インターネットやソーシャルメディアに関するリテラシーは人によって大きく異なり，人によってそれらに対する考え方も異なるため，できるだけ平易で分かりやすい内容にすることを心がけるべきでしょう。

　ソーシャルメディアポリシーは，その内容上，どうしても，あれをしてはいけない，これをしてはいけないといった定めになるものが多くなってしまうことが通常です。

　しかし，これは就業規則ではなく，あくまで個人が業務時間外にソーシャルメディアを利用する場合における指針となるべきものであるため，禁止規定を入れたとしても，それが強制力を持つわけではありません（なお，あくまでも指針に過ぎない以上，就業規則に定めると無効になる可能性があるものであっても定めることができます）。そして，ソーシャルメディアの利用を禁止するといった定めを置けば，強制力がないにしろ従業員の私生活に対する過度の干渉と受け取られ，反発を受ける可能性が高いでしょう。そのため，むしろ個人の発言，

思想・考え方を尊重するものの，良識ある利用をして欲しいというスタンスでポリシーを定めるのが現実的ではないかと考えます。実際上も，従業員が炎上を発生させた場合，最も被害を受けるのは，炎上を発生させた従業員であるため，ポリシーを守ることで，従業員自身を守ることにつながるということは認識してもらうようにするとよいでしょう。

(2) 記載する事項

具体的にどのような内容を定めるかは，会社の考え方にもよるところですが，ソーシャルメディアの特性に鑑み，会社の一員としてどのようなことを守って欲しいのかを定めるものになるでしょう。

たとえば，ソーシャルメディアがどのような特性を有しているのかを説明し認識してもらうことで，安易な投稿をすることがないよう促すことが考えられます。具体的には，ソーシャルメディアは原則的には公開されていて，誰でも閲覧することができること，つまり自分がした投稿は他者からの批判にさらされる可能性があるということを説明することが考えられます。つまり，ある発言をした場合に第三者から見ればどのように見えるのかを意識して発信を行うようにすることの注意喚起です。

また，一般人がテレビや新聞・雑誌などで情報発信をすることは容易ではありませんが，ソーシャルメディアを使えばそれが容易に行うことができる現実があります。そして，情報共有に関して，リツイートなどネズミ算式に一気に拡散することができる仕組みが導入されているため，いったん注目されてしまうとソーシャルメディアには圧倒的な情報拡散力があります。

そして，いったん発信して拡散してしまった情報は，たとえ投稿を削除したり，発言を取り消すなどしても，コピーをとられてしまっていることも多く，投稿をなかったことにすることは難しいと考えておくべきです。

そのため，不用意な発言をして注目を集めてしまったとすれば，非

常に大きいリスクを抱えることになります。このことについても認識してもらえるよう，ポリシーに記載しておくことも一考でしょう。

これに関連し，従業員によっては，実名で利用していない（匿名アカウントである）から自分が特定されることはないと考えている人もおり，発言内容をそれほど吟味しない例もあります。そのため，断片的な情報から「特定」されてしまっている事例は枚挙にいとまがないことを指摘しておくこともよいでしょう。あわせて，そもそも炎上しやすい書込みとはどのようなものなのかという点についても触れておくと丁寧ではないかと思います。

また，炎上を発生させてしまった場合に，従業員としてどのような行動を取るかの指針についても示しておくとよいでしょう。炎上を発生させてしまった際の初期対応の失敗から，炎上がさらに拡大してしまった例はしばしば見るところであり，指針を示してあげることができれば，一定程度のリスクヘッジができる可能性があると思います。

なお，就業規則に書いてあることについても，改めてポリシーに記載する必要があるかという問題がありますが，個人的には改めて記載をした方がよいと考えます。普段，就業規則をそこまで意識して働いている従業員は少ないと考えられ，就業規則の内容が従業員の意識に周知されているとはいえないのが通常ではないかと思います。そのため，ポリシーに記載することで，改めて周知を図ることができるためです。

(3) 罰則を定めるべきか

ソーシャルメディアガイドラインに違反した場合の罰則を定めるか否かという問題があります。

ソーシャルメディアガイドラインをどのように位置づけるかに関わるところであり，いろいろな考え方があり得るところですが，就業規則とは別の単なる指針であるとするのならば，罰則は不要と考えます。

そもそも，罰則とは懲戒のことになると思われますが，懲戒処分をするためには就業規則に基づくことが必要であり，就業規則ではない

ガイドラインに罰則を設けたとしても，ガイドラインに基づいて懲戒をすることはできません。また，従業員が炎上を発生させた場合の罰金や損害賠償のようなものを定めても，賠償予定の禁止を定める労基法16条に違反し無効となります。

したがって，ソーシャルメディアポリシーに罰則を定めても基本的に意味はありません。懲戒処分をするのであれば，個々に起こった事案について就業規則に照らした対応をすれば足ります。ただし，使い方によっては懲戒処分があり得ると記載することはあり得るでしょう。

> **POINT**
> **従業員向けソーシャルメディアポリシー**
> ・従業員向けのソーシャルメディアポリシーは，会社の一員として良識ある利用を呼びかける内容にする
> ・万一炎上を発生させてしまった場合は，その旨を会社に報告させるような体制を整備する

図表4-5　従業員向けソーシャルメディアポリシーの記載例

　近時，社員がソーシャルメディアへの投稿・発言により，インターネット上でいわゆる「炎上」が発生し，社員自身の個人情報・プライバシーの侵害とともに，会社の営業上の信用失墜，営業秘密や顧客情報の漏洩などの被害がたびたび発生しています。そこで，当社もこのような社会事情を踏まえ，炎上を防止し，適切なソーシャルメディアの活用を促進するため，以下のポリシー（以下，「本ポリシー」といいます）を作成しました。

Ⅰ　定義

　本ポリシーにいうソーシャルメディアとは，ブログ，Twitter，Facebook，mixiなどのソーシャル・ネットワーキング・サービス（SNS）のほか，電子掲示板，口コミサイト等インターネットを介して公開された

コミュニケーションの媒体として機能するもの（以下，「ソーシャルメディア等」といいます）を指します。

2　対象者

本ポリシーは，当社の社員，派遣社員，アルバイト等全ての関係者を対象とします。

3　投稿等の際の注意点

(1) 会社の一員であることの自覚を持つこと

ソーシャルメディア等を利用する場合には，会社の一員であるという自覚をもって，内容次第では当社の信頼やブランドを大きく損なう可能性があることを意識して情報発信を行いましょう。

具体的には以下のような点に注意をしましょう。

ア　当社の社員であることを明らかにしてソーシャルメディア等を利用する場合，自身の意見・見解が当社の意見・見解を代表・代弁するものでないことを明記するようにしましょう。なお，会社のロゴや商標を利用してはいけません。

イ　自社製品や自社サービスの優位性を強調する発信は，ステルスマーケティングの一環と捉えられるおそれがあるため，しないようにしましょう。

ウ　他社製品や他社サービスをおとしめる内容を発信しないようにしましょう。

エ　業務を通じて知った内部情報，他社の情報などは投稿してはいけません。

オ　就業時間中はソーシャルメディア等を利用してはいけません。

(2) 公開されていること

ソーシャルメディアで情報発信をするということは，インターネットを介して世界中の人が閲覧可能であることを十分に認識しましょう。これは，特定の人に向けて発信した認識であっても，自身の意図しない人にも閲覧され，批判の対象になり得るということです。

そして，自由な情報発信をすることは批判を受けない権利を含むものではないことに留意しましょう。

(3) 情報発信に責任を負う必要があること

発信した情報については，匿名で発信したかどうかにかかわらず，自分自身が責任を負う必要があります。そのため，発信した情報がどのように受け取られるのかを意識し，無用な批判を受けないよう注意をしましょう。

たとえば，以下のような発信は批判を招きやすいため，注意をしましょう。

ア　他人への誹謗中傷，プライバシー等を侵害するもの
イ　人種，国籍，性別等についての差別的な表現を含むもの
ウ　デマ，虚偽の内容を含むもの
エ　違法行為の自慢をするもの
オ　思想信条，政治，宗教に関わるもの

(4) 発言の取り消しが困難なこと

ソーシャルメディアは，圧倒的な情報拡散力があり，瞬く間に世界中に広がる可能性が高く，いったん発信した情報は，たとえ発言を取り消し・削除したとしても，すでにコピー&ペーストされていることも多く，事実上撤回できない可能性が高いことを認識しましょう。

(5) 特定される可能性があること

匿名のアカウントを使用していても，断片的な情報を誰が発信したものかが明らかにされてしまう例は非常に多く，その可能性が高いことを認識しましょう。

4　貸与機器の不使用

会社が貸与したパソコン，スマートフォンなどの機器は，あくまで仕事に必要なため貸与しているものなので，ソーシャルメディア等への接続，投稿等，私的な利用はしてはいけません。

5　炎上を起こしてしまった場合の対処

万一，社員が炎上を発生させてしまった場合は，速やかに直属の上司に報告するとともに，以下の相談窓口まで相談・報告をしてください。消火

が早い方が延焼を防ぐことができる場合も多いので，会社への報告を躊躇わないでください。

相談窓口　　　　

TEL 03-0000-0000

mail socialmedia@xxxx.co.jp

3　公式アカウント運用者向けポリシー

(1)　アカウントの色に合わせたルールづくりを

　公式アカウントを作成し，運用する場合，実際に運用をするのは企業内の担当者になるのが通常でしょう。

　この場合に，自由奔放な投稿をされてしまえば，会社としてのイメージや信用を損なうリスクを抱えることになります。そのため，どのようなルールで投稿を行うか，会社として一定の方針を決めて，それを遵守してもらうことが必要になります。

　どのようなルールで公式アカウントを運用するか，すなわち「固い内容」で投稿をするのか，それともいわゆる「ゆるい発言」をするアカウントにするのかについては，企業のスタンスによるところであり，まずこの点を決めることが必要です。ゆるい発言をする公式アカウントは，呼びかけに対して迅速な返信が必要になったり，時事ネタに乗ったタイムリーな投稿が必要になったりするため，個々の投稿内容について逐一会社や上司の確認を取ることが不適当と思われます。

　そのため，ゆるい公式アカウントの場合には，運用に関するルールを公式アカウント運用の実態に即して，なるべく細かく決めておくべきといえます。

　他方で，固い内容の投稿を行うことを予定している場合には，そこまでタイムリーな反応が必要になるわけではないと思われるため，上司や会社の確認・決済を得る時間的余裕があります。したがって，その前提で投稿に対する大枠のルールを定めればよいと思います。

具体的にどのような内容を定めればよいかは、会社によっても異なってくると思いますが、以下のような点に留意すればよいと考えます。

(2) 投稿のミスを避けるための視点

　公式アカウントにおいて炎上が発生してしまう最も多い原因は、担当者の個人アカウントと間違って、公式アカウントに個人アカウントに投稿しようとしていた内容を投稿してしまうというものです。このようなミスを避けるためには、アカウントの混同を避けることが効果的です。

　そのための方法として、公式アカウントにアクセス（ログイン）することができる機器を限定してしまうことが考えられます。ただ、機器を限定しても、その機器で個人アカウントにログインできてしまえば、過去の個人アカウントでのログイン状態が保持されてしまっていたり、ログイン情報が機器に記録されてしまっているということがあり得ます。公式アカウントにログインをしているつもりが、実は個人アカウントであったという場合です。

　このような事態を避けることが必要であるため、公式アカウントにアクセスできる機器の限定とともに、当該機器での個人アカウントへのログインはしてはいけないというルールを定め、それを徹底させることが必要です。他方で、担当者は公式アカウントのパスワードを知っているわけなので、個人のパソコンやスマートフォンから公式アカウントにアクセスすることは許されないというルールも定めるべきです。

　また、公式アカウントにアクセスすることができる機器を限定する以上、少なくとも業務時間中はいつでもアクセスできるようにしておくべきですが、社外への持ち出しは誤操作や紛失のリスクをはらみます。そのため、公式アカウントからの投稿に用いる機器は、社外への持ち出し禁止や、社内の所定の位置で用いることなどを定めるとよいでしょう。パソコンであれば会社内に置いておくという暗黙のルール

もあり得ると思いますが，スマートフォンについてはそのような意識までないことも多いため，明確に定めておくことは重要です（なお，インスタグラムなど，ソーシャルメディアによってはスマートフォンからでないと投稿できないものもあります）。

　これに関連し，たとえば飲酒をして気が大きくなった状態での投稿がされてしまえば，炎上につながってしまうリスクが大きくなってしまいます。そのため，投稿は就業時間中に限るというルールを定めるとよいでしょう。公式アカウントの運用は，あくまで業務として行うものである以上，就業時間外に投稿するということになると，それは時間外労働となるという観点からしても，このようなルールは合理的といえます。なお，「ゆるい発言」をする公式アカウントは就業時間に限らずに投稿をしていることも多いのが実情ですが，投稿に関するルールを定めて守らせることは最低限するべきでしょう。

　さらに，投稿作業を個々の担当者に任せてしまうよりも，複数人でチェックをした方が，当然ながらミスを減らすことができます。そのため，担当者を複数にして，他方のチェック後でなければ投稿ができないというルールにするとか，上司のチェックを必須にするといったことが考えられます。

(3) 投稿内容に関する視点

　公式アカウントとして発信をする以上，他者からあえて批判を招くような投稿をしようとは，通常は考えていないと思います。その意味で，個人アカウントに対するルールのような，たとえば誹謗中傷の禁止などは本来定めることは不要といえるかもしれません。

　しかし，担当者はそれと意識しなくても，その内容を受け取る立場によっては，当該投稿内容を不快に感じたり，喧嘩を売られたと感じる場合もあり得るところです。そのため，そのようなものになっていないか，投稿前には多面的な検討を行うようなルールが必要といえます。多面的な検討をする上では，複数の目を入れることが有用であるため，その意味でも複数の担当者を置くとか，投稿のためには上司の

決裁が必要といったルールも有用でしょう。

　また，ソーシャルメディアの魅力の一つとして，双方向のやり取りができる点が挙げられます。公式アカウントに対してコメントが寄せられたり，シェアやリツイートといった方法により共有され，拡散されていく場合です。

　コメントが寄せられた場合に，そのコメントを放置しておいたのでは双方向のやり取りということはできません。そのため，コメントに対して何らかの対応を検討することがあり得ると思いますが，この対応を担当者の個人的感覚に任せてしまっては，担当者の個人的感覚とは異なる閲覧者がいる場合に，思わぬ反論を受けたり，攻撃を受けることもあり得ると思います。そこで，コメントに対する返信等も，一つの投稿である以上，原則的には通常の投稿と同じルールに則って投稿するルールにするべきでしょう。このようにしてしまうと円滑なコミュニケーションが害されるというのであれば，事前に一定の基準を設けて，担当者個人の裁量で対応をしてもよいというルールにすることもあり得ると思いますが，少なくとも投稿する内容に不安があれば，周囲に相談することができる体制は整えておくべきでしょう。

　なお，これと類似する問題として，公式アカウントで他のアカウントをフォローするか，フォローするとすればどのような基準で行うかという問題があります。この点は会社の考え方次第ですが，フォローすることによって情報が集まるという側面もあるため，一律に規制するべきでないと考えます。会社にとって不利益がない範囲であれば，フォローするかどうかの判断を担当者に委ねるという考え方も十分あり得るでしょう。

　会社に不利益があるかどうかは，会社の品位を害するかどうか，考え方が偏っているかどうか，当該アカウントがスパム行為を行うものでないか，といった点などを，過去の投稿内容を確認することで検討することになります。

　この点に関して，NHK公式ツイッターは，平成28年4月18日，「NHK以外のアカウントをフォローすることは，そのアカウントの意見に対

する支持・賛同ではないか，というご批判」を受けることがあったことを踏まえ，外部アカウントのフォローを全て外すことを発表しました。考え方の事例として，一つの参考になります。

なお，公式アカウントに対して執拗に攻撃を行うアカウントが出てくる場合があります。その場合，当該アカウントをブロックしてしまいたいと考えるのが本音ではないかと思います。しかし，ブロックは連絡の拒絶であり，これを行うと当該ソーシャルメディア以外の場所でも攻撃を始めてくる可能性も高まってしまいます。それを考えると，まだコントロールが効く公式アカウント内での対応をした方がよいともいえるため，ブロックは最後の手段と考えておいた方がよいでしょう。

そのため，公式アカウントの運用に支障を来たすおそれがある場合や，明確なスパムアカウントであると判断できる場合を除き，攻撃的なものであっても一つの意見として受け止めるようにし，当該アカウントをブロックすることは極力避けるのがよいでしょう。

(4) 緊急時の対応に関する視点

事前のルールを決めていても，ミスが起こってしまうことはよくあることです。そのような場合に備えて，緊急時のルールを定めておくことで，慌てずに対応ができる余地も生まれます。そこで，簡易的なものでもよいので，緊急時の対応ルールを定めておくべきでしょう。

緊急時といえる代表的なものは，誤投稿と炎上した場合です。誤投稿の場合，間違いは速やかに訂正するのが基本的な対応ですが，すでに拡散してしまっている場合は，削除や非表示措置をとった上で会社に報告し，対応方針・方法についての判断を仰ぐといった対応が考えられます。なお，誤投稿であるにもかかわらず，それを認めずに「アカウントを乗っ取られた」などの発表をすると炎上につながりやすいため，発表する内容には注意を払う必要があります。

また，公式アカウントの投稿が原因で炎上してしまった場合は，できる限り早期の対処が必要な反面，拙速な対応は火に油を注ぐことに

なりかねないことから,まずは会社に,把握できている炎上の原因となった投稿,炎上の理由,炎上の原状などを報告をするというルールを定めることが考えられます。

そして,これらが就業時間内に発生した場合であれば,報告・相談も比較的容易でしょうが,就業時間外に発生した場合は,報告・相談を速やかにすることが難しくなってきます。そのような場合に備えて,緊急の連絡先を明記しておくことも一考でしょう。

(5) パスワード管理に関する視点

その他,当然のことではありますが,パスワードをきちんと管理することや,担当者が変わる場合のパスワードの変更など,公式アカウントの担当者として注意しておかなければいけない点についてのルールも定めておくとよいでしょう。

海外の事例ですが,公式アカウント運用者が退職後に当該公式アカウントに元勤務先を誹謗する投稿を繰り返したという事例もあります。

POINT 公式アカウント運用者向けポリシー

・投稿のミスを避けるための仕組みをルール化する

例) ①公式アカウントにログインできる機器を限定する
　　②機器へのログイン情報の登録を行わない
　　③原稿作成はソーシャルメディア内の入力ボックスでは行わない
　　④複数の担当者が相互チェックを行う　など

・投稿する内容やコメント等に対する対応に関するルールを定める

・炎上等が発生した場合の対応手順をルール化する

図表4-6　公式アカウント運用ポリシーの例

　本ポリシーは，当社を代表する立場でソーシャルメディアを利用する場合，公式アカウントを運用する場合の，利用・運用における指針を示すものです。公式アカウントは当社の公式な発言の一つとして受け取られることになるため，担当者はその点を意識した上，本ポリシーを十分に理解した利用・運用を行ってください。

I　投稿作業に関するルール

(1)　投稿に使用する機器

　投稿作業は，専用のパソコンまたはスマートフォンを使用しなければならず，個人が所有する機器からの投稿は，会社からの許可がない限り，許されません。

(2)　原稿の作成

　パソコンで投稿用の原稿を作成する場合，誤投稿を避けるため，メモ帳，ワードその他の文書作成ソフトを用いて作成してください。

　スマートフォンで原稿を作成する場合も，できる限りソーシャルメディアの入力画面以外での文書編集を心掛けてください。

(3)　投稿作業

　投稿作業は一人で行わず，必ず複数名の担当者で確認しながら進めてください。

　なお，必ず確認するべきポイントは以下になります。

☐ アカウントが公式アカウントのものか

☐ 原稿に誤字脱字がないか

☐ アップする画像等に取り違いがないか

(4)　就業時間外の投稿の禁止

　公式アカウントの運用は業務の一環として行うものであるため，投稿作業は就業時間中に行ってください。就業時間外に投稿を行う場合には，事前に会社からの許可を取ってください。

2 機器の管理

(1) 持ち出しの禁止

　投稿用のパソコン，スマートフォンは社外に持ち出してはいけません。特に，スマートフォンは，投稿作業が終わった際は所定の位置に戻してください。

(2) 個人アカウント使用の禁止

　投稿用のパソコン，スマートフォンで，個人で使用するアカウントでログインしてはいけません。公式アカウントでしばしば起こるミスは，公式アカウントと間違えて個人アカウントでの投稿をしてしまうことです。

3 投稿内容に関する注意

(1) 投稿内容の精査

　投稿の内容，表現方法，言葉遣いなどで良識ある発言を心がけ，当社のブランド・信用・信頼を毀損することがないようにしてください。具体的には，以下のような内容を含むものでないかの確認をしてください。特にそれと意識していなくても他者から批判を受けることが，しばしば起こっていることを意識して，多面的な検討をしてください。

ア　他者への誹謗中傷，プライバシーを侵害するものになっていないか

イ　他人に喧嘩を売る・挑発するものになっていないか

ウ　なりすまし行為であると誤解されるものになっていないか

エ　デマ，虚偽の内容を含むものではないか

オ　差別的な内容，または差別をしていると受け取られる内容を含むものでないか

カ　営業秘密や個人情報を含むものでないか

(2) フォロー・共有（シェア・リツイート等）に関するルール

　他のアカウントをフォローしたり，共有（シェア・リツイート等）することは担当者の判断で行って構いませんが，フォローする際は以下の点に注意をしてください。また，フォロー・共有（シェア・リツイート等）するべきかどうか迷った際は，上司または会社に相談してください。なお，会社は，フォローしたアカウントが不適切と会社が考える場合，当該アカ

ウントのフォローを外すことを指示する場合があります。
ア　会社の品位を害することがないか（一つの投稿で判断せず，過去の投稿を吟味してください）
イ　会社の考え方が偏っていると受け取られることがないか
ウ　そのアカウントがスパム行為その他の迷惑行為を行っているものでないか

(3) 質問・問いかけ（リプライ等）に対する対応

　ソーシャルメディアを通じて質問・コメント・リプライ等があった場合は，担当者個人の判断で返信せず，会社に報告した上で，回答・対応方針についての検討を行ってください。なお，これはネガティブな質問・コメント・リプライ等があった場合も同様であり，担当者の判断で反論や議論を展開することは避ける必要があります。

　実際に回答を行う際は，投稿作業に関するルールに従う必要があります。

(4) ブロック等に関するルール

　公式アカウントに対して執拗に投稿を行う者がいる場合でも，一つの意見として受け止め，当該アカウントをブロックすることは避けてください。ブロックは連絡の拒絶であり，最後の手段と考えてください。

　ただし，公式アカウントの運用に支障を来たすおそれがある場合や，明確なスパムアカウントであると判断できる場合は，会社の許可を得た上でブロックをすることができます。

4　誤投稿・炎上時の対応

(1) 誤投稿をした場合

　本来投稿するべきでない内容の発信，個人アカウントと公式アカウントの混同による誤投稿等が発生した場合，投稿直後にそれに気づいた場合は，以下の基準に基づいて対応を行ってください。

ア　フォロワーによるコメント，リプライ，シェア，リツイート等の反応が一切ない状況の場合

　　速やかに当該投稿を削除するか訂正するとともに，上司及び会社に報告し，対応方針・方法についての判断を仰いでください。

イ　フォロワーによるコメント，リプライ，シェア，リツイート等の反応がすでに存在する場合

　　　Twitterの場合は当該投稿を速やかに削除し，Facebookの場合，当該投稿の削除は行わず「非表示」にした上で，上司及び会社に報告し，対応方針・方法についての判断を仰いでください。

(2)　炎上時の対応

　理由の如何を問わず，投稿した内容が原因で炎上が発生した場合，速やかに総務部及び会社に，把握できている炎上の原因となった投稿，炎上の理由，炎上の現状などを報告をしてください。就業時間外に炎上を発見した場合，速やかに以下の連絡先に連絡をしてください。

　　　　メールアドレス　　　　enjou@xxx.co.jp
　　　　電話番号　　　　　　　090-1234-5678

5　担当者の義務

(1)　パスワード等の保持

　担当者は会社が設定したパスワードを厳に秘密として管理し，これを公開・漏えいすることがないよう配慮してください。また，機器にパスワード等を記憶させる機能がある場合でも，その機能を使わず，必ずパスワードを入力することで，公式アカウントにログインを行ってください。

(2)　私用機器でのログインの禁止

　担当者といえども，私用しているパソコン，スマートフォンその他の機器を用いて公式アカウントにログインすることは原則として許されません。例外的に許容されるのは，炎上への速やかな対応が求められるような緊急の場合ですが，その場合でも会社の許可を取ることを第一義としてください。

(3)　パスワードの変更

　パスワードの変更はみだりに行わず，担当者の変更など必要がある場合に限り行ってください。なお，パスワードの変更を行った場合，変更内容を速やかに会社に報告してください。

4　公式アカウント運用ポリシー

　企業が公式アカウントを利用している場合，上記のとおり，内部的にどのような扱いをするかというルールを定めておくことが必要ですが，それとは別に外部向けにどのような運用ルールを用いているかを明らかにしておくとよいでしょう。

　たとえば，フォローしたのにフォローされ返されなかった（フォローバックされなかった）として憤る人もいますし，ブロックをした際にそのことを殊更に怒る人もいるかもしれません。しかも，その基準が恣意的にされていると思われてしまうと，その可能性が高まってしまいます。そのため，どのような運用基準を用いて対応を行うのかをあらかじめ明らかにしておくのです。

　また，公式アカウントは企業で一つということは必ずしもなく，商品ごと，サービスごとにアカウントを作成するということもしばしば行われます。この場合，ファンとの交流を図る意味合いが強くなると思われますが，ファンが公式アカウント宛てに投稿してくれた意見や感想を商品広告に使いたいと考える場合もあるかもしれません。この場合，投稿内容には著作権が生じる場合もあり得るわけであり，投稿内容を利用しようと思えば，著作権法上のルールを守ることが必要になります。しかし，機動的なマーケティングをするという観点からは，自由な利用ができた方がよいといえます。そこで，公式アカウント宛てに投稿された内容については，企業が自由に用いることができるといった内容を盛り込んでおくことも考えられます。

　また，公式アカウントが発信した内容が常に正しいという保障はありませんが，他者から正しいという前提で使用されることがあるでしょう。その場合に，内容に誤りがあったとしたら，会社にはクレームが寄せられるということもあり得ます。そこで，公式アカウントで発信した内容に関する免責条項なども規定しておくとよいでしょう。

　さらに，企業として保有している公式アカウントが何かを明らかにするべきです。稀に，公式アカウントになりすましたアカウントが発生することがあり，閲覧者からするとどれが公式アカウントであるか

判断が難しいという場合があります。この場合に、どれが公式アカウントなのかを明確にできる形になっていると反証がしやすくなります。また、なりすましのアカウントの閉鎖を違反報告する際などに役立ちます。

たとえば、サントリーの炭酸飲料「レモンジーナ」の公式アカウントを装った「レモンジーナ公式」というツイッターアカウントが作成されたことがあり、このアカウントは公式アカウントを装ったアカウント名と投稿内容であったため、多くの人に公式アカウントであるとの誤解を与えて、混乱を招きました。

公式アカウントが何かを明示してあれば、このようななりすましを速やかに排除できる可能性が高まります。

> **POINT 公式アカウント運用ポリシー**
> ・外部に向けたアカウント運用のルールを公開する
> ・公式アカウントに向けて投稿された内容を会社が利用することができる定めを置く
> ・企業が保有する公式アカウントを一覧にする

図表4-7　公式アカウント運用ポリシーの例

1　目的

　当社は、当社の業務、取組み、行事の更新情報等を発信することを通じ、利用者に当社の理解を深めていただくとともに、利用者の利便性を高めることを目的として、ソーシャルメディア公式アカウント（以下、「公式アカウント」といいます）を利用します。情報発信にあたっては、運用方針（以下、「本ポリシー」といいます）を定め、これを遵守します。なお、本ポリシーは当社が公式で運営している、後記の各アカウントに適用されるものとします。

2　基本方針

　公式アカウントは，関連法令や社内ルールを遵守し，良識ある社会人として，誠実な行動を意識して発言します。

　なお，公式アカウントによる情報発信は当社公式ウェブサイトの補助的な情報発信と位置付け，当社の公式発表・見解に関しては公式ウェブサイト（http://www.xxxxxxx.co.jp）でお知らせします。

3　運用方法

　公式アカウントは，以下のとおり運用いたします。ただし，運用方法は，予告なく変更する場合があります。

(1)　発信する情報

　当社は，公式アカウントにおいて以下の情報を発信いたします。

- ・公式ウェブサイトにおけるコンテンツ更新情報
- ・各種活動，行事等に関する告知，情報
- ・その他当社に関係する情報

(2)　返信・コメント等に対する対応

　公式アカウントによる発信に対する返信・コメント等については，運用担当者により必要性が認められると判断した場合に行います。公式アカウントの発信とは関係のない質問，ダイレクトメッセージによるご質問には原則として返信を行いません。

　また，以下に掲げるような不適切な返信・コメント等については，投稿者への予告・承諾を得ずに削除する場合があります。

- ・法令に反するもの
- ・公序良俗に反するもの
- ・犯罪行為等を誘発・助長するもの
- ・第三者に損害または不利益を与えるもの
- ・第三者を誹謗中傷しているもの
- ・他のユーザー，第三者等になりすますもの
- ・第三者の特許権，意匠権，著作権，商標権，肖像権その他の権利を侵害するもの

- ・政治・宗教・営利活動等を目的としているもの
- ・記載された内容が虚偽または著しく事実と異なるもの
- ・当社の発信する内容の一部又は全部を改変するもの
- ・投稿者又は第三者の商品・サービス等の広告・販売促進等を目的とするもの
- ・公式アカウントの運用を妨害する執拗な投稿を繰り返すもの（スパム行為等）
- ・有害なプログラム等を拡散するもの
- ・その他，運営上，不適当であると判断されるもの

(3) ブロック等の措置

　当社は，前項に掲げる不適切な返信・コメント等に当たる投稿を行う方を一時的または恒久的にブロックする場合があります。

4　知的財産権

(1)　公式アカウントに掲載されている記事・写真・イラスト・音声・動画等に関する著作権，肖像権その他の権利は，当社又は正当な権利を有する者に帰属します。ただし，公式アカウントに掲載された記事に対する「リツイート」，「シェア」等の共有は自由にご利用いただくことができます。なお，出所を明記しての転載は可能です。

(2)　公式アカウントに対していただいたコメント等の著作権等は，投稿した方に帰属しますが，投稿された内容を当社が無償で非独占的に使用することを許諾したものとします。

5　免責事項

(1)　公式アカウントから発信される情報は，正確性・完全性が常に担保されているものではありません。

(2)　公式アカウントに掲載されている情報の誤りがあった場合，または変更・削除をしたこと，または変更・削除をしなかったことによって利用者に損害，損失，費用，負担等が発生した場合でも，当社は何ら責任を負うものではありません。

(3) 当社は，利用者が公式アカウントの情報を用いて行う一切の行為について何ら責任を負うものではありません。
(4) 当社は，公式アカウントに対する投稿・コメント等ついて一切責任を負いません。
(5) 当社は，公式アカウントに関連して，利用者間又は利用者と第二者間でトラブルや紛争が発生した場合であっても，一切責任を負いません。
(6) 公式アカウントを中断，廃止等したことによって，利用者に損害，損失，費用，負担等が発生した場合でも，当社は何ら責任を負うものではありません。

6　公式ソーシャルメディア一覧

媒体	アカウント名	発信内容	問い合わせ先
Facebook	xxxxxxxxx	xxxxxxxxx	xxxxxxxxx
Twitter	xxxxxxxxx	xxxxxxxxx	xxxxxxxxx
YouTube	xxxxxxxxx	xxxxxxxxx	xxxxxxxxx

04
従業員教育・研修

1　「伝わる」従業員教育を行う

　就業規則を定め，ソーシャルメディアポリシー等を作成したとしても，これが従業員に周知徹底されなければ意味がありません。これらの規程類は，作成が目的なのではなく，あくまで従業員が炎上を起こさないようにするための手段に過ぎないという点を意識することが必要です。

会社としては，規程類に定めたような考え方・視点をいかに従業員に伝えるかということが非常に重要になってきます。しばしば，規程類を作成しても機能しないという例もあるところですが，機能しない要因としては，作成したことに満足してしまい周知ができていない，つまりルールが知られていないということがあります。また，仮に周知されていても，従業員が内容を理解していない，納得していないといった事情があることもあります。さらには，周知し理解もされているとしても，「守らなくても許される」といった風潮があるようであれば，やはり意味がありません。

　そこで，規程類を定めたのであれば規程類を資料にしつつ，会社の信用を毀損するような事態になった場合には懲戒処分もあり得るということを含めて，従業員教育を行うことが必要です。

2　秘密保持誓約書の取得時

　入社時などには，従業員から秘密保持に関する誓約書を取り付けることが一般的ではないかと思います。しかし，このような誓約書を取り付けることは，どの会社でも一般的に行われていることであり，「入社に必要な書類だから」ということで書類だけ渡して署名捺印を求めている例も少なくないでしょう。

　このような方法でも悪いとはいいませんが，これでは従業員が書類の意味をきちんと理解した上で書類を提出しているとはいえないことも多いのではないでしょうか。とくに入社時は，単に入社に必要な書類というくらいの認識で，誓約書がどのような意味を持つのかといったことを考えないことも多く，社会経験のないいわゆる新卒の場合には，その傾向は顕著です。

　そこで，誓約書を提出してもらう際，可能であれば個々の条項について口頭で説明を行い，違反をした場合には懲戒処分をするおそれがあるなどを含めて，誓約をすることの意味を理解させることが必要です。そして，その場合に過去に違反した人に対してどのような措置をとっているのかという実例も説明できるとよいでしょう。このよ

うな説明ができれば、誓約書は形式的に取っているものではない重要なものであると認識させ、「自分にも関係があることだ」という認識を促すことができます。

3　規程類に基づく教育

(1)　就業規則の内容の説明

　常時10人以上の従業員がいる場合、就業規則を作成しているはずであり（労基法89条1項）、常時各作業上の見やすい場所へ掲示、備え付けなどしているはずなので（労基法106条1項）、従業員であれば就業規則を見ることが可能なはずです。しかし、就業規則を全て読んで勉強しているといった従業員は通常いないと思われ、ある程度見ていたとしても、その内容をきちんと把握しているわけではないでしょう。

　そのため、会社が就業規則としてどのようなことを定めているのかを、きちんと説明する場を設けるようにするべきです。その際、説明するのは正社員だけでなく、アルバイト従業員等に対しても行う必要があります。アルバイト従業員がコンビニエンスストアや飲食店の冷蔵庫に入った写真をツイッターにアップしたこと等で炎上した事例が多発したことは、記憶に新しいと思います。

　この場では、就業時間中に私用のスマートフォン等を使用することや、ソーシャルメディア等にアクセスすることの禁止や、貸与機器を私用することの禁止について説明するとともに、場合によっては貸与機器をチェックすることもあり得るということを説明するべきです。

　また、会社の内部情報などを公開してはいけないということについては、繰り返し説明する必要があります。とくに近時では、平成27年6月、りそな銀行中目黒支店に勤務する派遣社員の子どもが、店舗に芸能人が来店したことのほか、来店の理由などについてツイッターに掲載したという、従業員の家族が内部情報を公開していたという事例もあります。家族だからといった理由で安易に内部情報を話してしま

えば，そこから情報漏洩が起きて，大問題になるという点を説明するべきです。

　従業員に対しては，家族に対してであっても，話してよいことよくないことの判断を付けるべきということと，従業員から家族に対して，ソーシャルメディア等の使い方について教育してもらうように促すことも検討するべきでしょう。

(2) 　ソーシャルメディアとの付き合い方の説明

　ソーシャルメディアポリシーを作成している場合には，これを活用して会社として期待するソーシャルメディアの使い方を伝えるとよいでしょう。

　まずそもそも，ソーシャルメディア自体がどのような特性を持っているのか，また，どのような使い方をすることにリスクがあるのか，会社としてはどのような使い方をして欲しいのかといった点を説明する必要があります。

　ソーシャルメディアは，一つの連絡手段のように使われることも少なくなく，メールやメッセンジャーのような感覚で使っている人もいます。またとくに若年層では，インターネットにつながっているということがどういうことかをあまり意識していないことも多いようです。そこで，ソーシャルメディア等はインターネット上で公開されていることをしっかり意識してもらうべきです。具体的には，メールやメッセンジャーのようなクローズドなやりとりではないので，業務を通じて知った内部情報や他社情報を安易に投稿したり，他人への中傷に当たる内容を軽々しく投稿しないようにすることを意識させる必要があります。

　また，インターネットは無法空間ではなく，現実の延長であり，仮に匿名アカウントを作っても，「特定」されるおそれがあること，発言を取り消すことが困難なことなどを説明する必要があるでしょう。しばしば，特定されないと考えているからか，過激な発言を繰り返していたり，違法行為を自慢しているものが見受けられますが，そのよ

うなアカウントが炎上すれば，誰がやっているのかはすぐに特定されてしまいます。そこで，匿名かどうかにかかわらず，次のような内容は炎上を招きやすい話題であるため，できる限り避けた方が無難だということを説明するとよいでしょう。

　①他人への誹謗中傷，プライバシー等を侵害するもの
　②人種，国籍，性別等についての差別的な表現を含むもの
　③デマ，虚偽の内容を含むもの
　④違法行為の自慢をするもの
　⑤思想信条，政治，宗教に関わるもの

　さらに，万一，炎上の当事者になってしまった場合，どのような状況になってしまうのかを，実例を挙げて解説することも有用です。具体的イメージを抱くことができなければ，「リスクがあることだ」ということを実感をもって意識してもらうことは難しいためです。そして，実例を解説することで，本人の私生活にどのような不利益が及ぶのか，法的にどのような責任が生じかねないのかということを認識しやすくなり，一層の教育効果を見込むことができるはずです。

(3)　炎上時における対応に関する教育

　従業員にとっても，会社にとっても，炎上はいつ巻き込まれるか予想できるものではありません。

　従業員の投稿が元で炎上が発生してしまった場合，炎上元となった従業員自身がどのような対処をするべきか，パニックになってさらに燃料を投下するような行動を取ってしまわないよう，一定の行動指針を示しておくとよいでしょう。

　炎上になれば，過去の投稿を掘り返されることが多く，また，使用している他のソーシャルメディア等のアカウントも調べられてしまうことが多くあります。そのため，炎上に気づいた場合，できるだけ早く謝罪した上，炎上元となったアカウントを削除し，また，自身の持っている他のソーシャルメディア等のアカウントも削除するか，少なくとも他人から閲覧できない設定にするなど，できる限り情報遮断をす

るようにするのがよいでしょう。その上で，会社にまで炎上が飛び火しそうな様子が見える場合には，会社に対して炎上についての報告と，どのような対応をしたのかの報告を速やかにしてもらう必要があります。

　上記のような対応が会社として示す行動指針であると教育することが考えられます。

> **POINT**
> **従業員が炎上の当事者になった場合の対応指針**
> ①謝罪
> ②炎上元アカウントの削除
> ③自身の持つソーシャルメディア等のアカウントの削除・閲覧制限の設定
> ④会社への報告

　また，炎上が発生した場合には，前述のとおり電凸やメル凸といった行動が取られることが往々にしてありますが，会社としては，これに対して一定の指針を持って対応することが必要です。しかし，実際に電凸やメル凸が行われる先は，広報や代表窓口とは限らず，これらに対応する必要が出てくるのは各従業員になってくることがあります。また，会社の前で記者が待ち伏せして各従業員にインタビューを行おうとする場合もあり得ます。このような"取材"に対して，個々の従業員が好き勝手に対応してしまうと，情報管理が非常に困難になってしまいます。そのため，個々の従業員に"取材"があった場合，どのような対応をするべきかを，あらかじめ教育しておく必要があるでしょう。

　このような場合，"取材"については全て広報に，広報がなければ総務などの担当部署に情報を集約させることが基本です。そのため，各従業員に"取材"があれば，それらは全て一旦担当部署に連絡することとし，各従業員は対応しないことを教える必要があります。具体的には，たとえば「会社としてどう考えるか」と質問された場合，「会

社としての発言をすることができる立場にない」等と返答するよう統一するのです。

　ここで注意しなければならないのは,「個人的にどう考えるか」という質問をされることもあり,これにどう対応する必要があるかという点です。このような質問されると,個人的感想や意見を聞かれているに過ぎないように思われるため,個人的感想や意見を話してしまうことが往々にしてありますが,この回答は「あの会社がこのような発言をした」と捉えられてしまいます。つまり,一従業員が会社を代表して発言したかのような形になってしまうのです。とくに,自社批判をするような発言があったりすると,社内の意思統一もできていないとして,格好のネタにされてしまうおそれもあります。したがって,このような質問をされた場合でも,やはり「回答することはできない」というのが正しい対応といえます。

　炎上が発生している場合,世間の批判に晒されているわけであり,各従業員はその批判対象である企業の一員に過ぎないということを,あらかじめきちんと教えておくことが必要です。

> **POINT　各従業員に取材があった場合の対応指針**
> ①"取材"については,一旦全て広報や総務など担当部署に
> ②個人で回答することはNG。特に,個人的意見を聞かれても回答は避ける

(4) 繰り返しの教育

　気軽に投稿ができてしまうソーシャルメディア等の性質上,日々の生活の中で教育した内容を忘れていってしまうおそれもあります。また,日々新しい炎上が発生している昨今では,どのような事例が炎上しているのかということをフォローして,従業員にフィードバックしていくべきでしょう。

　教育は一度すれば終わりではなく,繰り返し行うようにするべきです。

4　顧客対応にも教育を

　BtoCのサービスを提供している会社の場合，従業員の顧客対応がおざなりだった場合に，その対応への不満がインターネット上に投稿され，炎上に至るケースがあります。たとえば，あるレッカー会社がバイクを荷台から落として廃車にしてしまったものの，「保険で出るお金しか出さない」「保険で出ないお金が必要なら訴訟でも何でも起こしていただいて結構です」と対応したため，これを晒されて炎上に至ったという事例があります。

　法的に間違った主張をしているとは必ずしもいえないのですが，自社に非があるにもかかわらず形式的な対応をしてしまったことに対する非難が殺到した格好です。この事例では会社に非がある以上は，まず誠心誠意謝罪した上で，できる限りの対応をするという姿勢を示すことが必要だったといえます。開き直りと受け取られる対応をしてしまえば，許せるものも許せなくなってしまうのが人情だからです。

　誰でも気軽にインターネット上に投稿できる以上，顧客対応も逐一公開されてしまうおそれがあると考えておくべきでしょう。そのため，公開される可能性があるという前提で，従業員には社会常識に適った対応をするよう，日々伝えていくことが重要です。

　また，顧客対応の失敗が不買運動にまでつながってしまった事例として，東芝クレーマー事件[24]があります。顧客をクレーマー扱いしたことが問題とされたのですが，顧客をクレーマー扱いすることは大きなリスクがあります。そもそもクレーマーかどうかは要求している内容が不当要求なのか否かにかかわりますが，不当要求なのかどうかは

24　平成11年12月に福岡市内の家電量販店で，東芝製のビデオテープレコーダを購入した者が，購入直後に製品に不具合があるとクレームを入れたことをきっかけとして発生した，インターネット時代における企業クレーム対応への教訓となっている事件。

　購入者は，東芝の渉外管理室担当者が暴言を吐くなどした状況を録音し，経緯などとともに自身の開設するウェブサイトで公開した。その後，東芝が購入者に対して仮処分の申立てをしたところ，これをマスメディアが取り上げたことで世間に広く認知され，東芝不買運動へと発展した。この事件を契機として，多くの企業でクレームに対するサポート体制の充実が図られた。

事実関係と裏づけ資料の確認といった作業を経てからでないと判断することができません。そのため，まずは顧客の話をきちんと聞いた上で，できる限り丁寧な対応をすることが重要です。そしてその際，メモをとったり録音をしておくようにするとともに，録音していることも伝えます。

このような対応をとれば，録音の公開を過度におそれる必要はなくなり，編集されたやりとりが公開されるリスクを減らすこともできます。

> **POINT**
> **顧客対応における留意点**
> ・自社に非がある場合，開き直りと受け取られる対応をしない
> ・クレーマーかどうかは，事実関係と要求内容と裏付け資料の確認をしないと判断し得ないことを肝に銘じる
> 　　①事実関係を詳細に聞き取る
> 　　②できる限り丁寧な対応
> ・メモと会話の録音は会社を守ることにつながる

炎上はエンターテインメント

　炎上は，当事者になった者以外から見れば，"自分とは無関係"な事件であることが一般的です。

　炎上は人の正義感を刺激したり，共感を呼ぶなど何らかの感情を刺激したからこそ発生していると指摘しました。しかし，炎上の原因となった投稿等をした者と無関係であるからこそ，何らかの感情を刺激されるわけです。そのため，その投稿を見て不快に感じた，という程度のことはあるとしても，投稿によって何か具体的な被害を受けていないことが普通です。

　したがって，炎上に参加している者は，安全圏から他人に対して石を投げている状況と評することができます（もちろん，批判だけではなく擁護する意見もあるわけですが）。このようにして発生した炎上は，炎上まとめサイトにまとめられ，さらに多くの批判や意見を集めつつ消費されていきます。

　エンターテインメントというと映画やアトラクションなど，人々を楽しませるものを指しますが，たとえばジェットコースターやバンジージャンプなど恐怖を感じるものであっても，安全が確保されているものであればエンターテインメントとして成立します。つまり，安全が確保され感情を刺激するものは，エンターテインメントたり得るのです。

　上述のとおり，炎上は多くの人にとっては"自分とは無関係"な事件であり安全が確保された状況にあります。そして，炎上は正義感などを刺激するものである以上，不快なものと分類することができますが，炎上が発生すると，多数ある炎上まとめサイトが一斉にその炎上をまとめ始めます。これはPV（ページビュー）を稼ぎ，多くのアフィリエイト報酬を獲得する目的があるためで，炎上はそれだけPVを稼ぐことができるコンテンツであると捉えられています。

　つまり，巻きこまれた人や企業にとっては死活問題になり得る炎上ですが，第三者から見れば，一種のエンターテインメントであるといえるのです。

●著者紹介

清水陽平（しみず・ようへい）

東京弁護士会所属
法律事務所アルシエン　共同代表弁護士
東京都千代田区霞が関 3‐6‐15　霞ヶ関 MH タワーズ 2 階
URL：http://www.alcien.jp/

〈略歴〉

2004年　早稲田大学法学部卒業
2007年　弁護士登録（旧60期）　都内法律事務所入所
2008年　都内コンサルティング会社入社
2010年　法律事務所アルシエン開設

〈主要著書・論文〉

『ホームページ担当者が知らないと困るネットショップ法務と手続きの常識』（ソシム，2009）　共著
『ガイドブック民事保全の実務』（創耕舎，2014）　編著
『座談会 インターネット上における権利侵害の問題』（早稲田大学大学院法務研究科　臨床法学研究会　Law and practice　第 9 号）
『最新 プロバイダ責任制限法判例集』（LABO，2016）　編著
『サイト別 ネット中傷・炎上対応マニュアル〈第 2 版〉』（弘文堂，2016）

〈講演〉

2009年　「2 ちゃんねる案件等の具体的解決方法」（東京弁護士会）
2012年　「ネット中傷への対処法」（東京弁護士会春季研修講座）
2013年　「アルバイト・従業員の炎上については，企業はどこまで責任を負うべきか」（NRA フォーラム2013）
2014年　「ネット中傷への対象法」（東京弁護士会多摩支部）
　　　　「インターネットと人権−インターネットの利用にもルールとマナーがあります−」（東京都人権啓発映像）
2015年　「ネット中傷への対処法」（東京弁護士会法友会）
　　　　「ログイン型投稿の法的問題」（情報ネットワーク法学会）
　　　　「ソーシャルリスク対応セミナー」（共同 PR ㈱）
2016年　「事例に学ぶ，食品業界のネット炎上対策」（㈱サイエンスフォーラム）
　　　　「プロバイダ責任制限法重要判例解説」（第二東京弁護士会　電子情報・ネットワーク法研究会）
　　　　「ネット中傷への対処法」（東京弁護士会　公正会）
　　　　「ネット中傷への対処法」（札幌弁護士会　消費者問題研究会）

〈所属学会等〉

一般社団法人レジリエンス協会
一般社団法人ニューメディアリスク協会（NRA）
情報ネットワーク法学会

企業を守る ネット炎上対応の実務

2017年1月24日 初版発行

著 者 清水 陽平
発行者 佐久間 重嘉

発行所 学 陽 書 房

〒102-0072 東京都千代田区飯田橋1-9-3
営業部／Tel 03-3261-1111 Fax 03-5211-3300
編集部／Tel 03-3261-1112 Fax 03-5211-3301
http://www.gakuyo.co.jp
振替 00170-4-84240

装丁／井上祥邦(yockdesign) 印刷／加藤文明社
製本／東京美術紙工

★乱丁・落丁本は、送料小社負担にてお取替え致します。
ISBN 978-4-313-31399-6 C2032
© Yohei, Shimizu 2017
Printed in Japan

若手法律家のための法律相談入門

中村 真 著
定価=本体2,400円+税 A5判・並製／208頁／ISBN978-4-313-51160-6 C2332

相談の現場でうろたえないための、法律相談の入門書！

若手法律家へ向けて、法律相談の流れと留意点をやさしく楽しくイラストを交えて解説。
今日から使えるキラーフレーズや依頼の断り方など、先輩からの口伝でしか学べない知恵が満載。
弁護士・司法書士・司法修習生必読の書。

―― 目 次 ――
第1章　法律相談の前に知っておきたいこと
第2章　法律相談の流れ
第3章　法律相談時の留意点
第4章　受任後の相談・依頼者ケア
第5章　依頼を断るとき